ग्रामीण विकासमाला

औषधीय पौधों की खेती

मुकेश कुमार

शब्द भारती
7/23, अंसारी रोड़ दरियागंज, नई दिल्ली–110 002

ISBN : 978-81-267-0924-3

मूल्य : ₹199

पहला संस्करण : 2004
चौथा संस्करण : 2024

प्रकाशक : शब्द भारती
7/23, अंसारी रोड, दरियागंज
नई दिल्ली-110 002

मुद्रक : बी.के. ऑफ़सेट
नवीन शाहदरा, दिल्ली-110 032

AUSHADHIYA PAUDHON KI KHETI
by Mukesh Kuamar

अपनी बात

भारत गाँवों का देश है। गाँवों की अधिकांश अर्थव्यवस्था कृषि पर निर्भर है। विश्व व्यापार संगठन के द्वारा लागू समझौते के अंतर्गत आयात निर्यात प्रतिबंध हटा दिए जाएँगे, जिससे कुछ ही वर्षों में दुनिया एक बड़े गाँव की भाँति हो जाएगी। इससे विभिन्न देशों की कृषि उपजें आसानी से वर्ष भर किसी अन्य देश में उपलब्ध हो सकेंगी। ऐसे में वैज्ञानिक कृषि पद्धतियाँ अपनाकर उत्पादन में भारी वृद्धि करके तथा व्यापारिक उपजों को उगाकर ही किसान ज्यादा से ज्यादा लाभ अर्जित कर सकेगा एवं दुनिया के अन्य किसानों के साथ प्रतियोगिता कर सकेगा। किसानों की आर्थिक समृद्धि के लिए अत्यन्त आवश्यक है कि कृषि विविधीकरण के बारे में उन्हें जागरूक किया जाए। ग्राम पंचायतों, सरकारी विभागों, स्वयंसेवी संस्थाओं एवं कृषक चर्चा मण्डल के माध्यम से यह जानकारियाँ गाँव-गाँव तक पहुँचाना अत्यन्त आवश्यक है। इसी उद्देश्य को ध्यान में रखकर **'ग्रामीण विकास माला'** के अंतर्गत यह पुस्तिका प्रकाशित की जा रही हैं जो ज्ञानप्रद एवं आवश्यक जानकारियाँ प्रदान करने में उपयोगी साबित होगी। इस पुस्तिका में प्रकाशित सामग्री के संकलन एवं संपादन हेतु मैं पंतनगर विश्वविद्यालय, पंतनगर एवं कृषि विज्ञान केन्द्र, बस्ती (उ.प्र.) के कृषि वैज्ञानिकों का विशेष आभारी हूँ।

मुकेश कुमार

क्रम

अडूसा	5
अरंडी	7
अश्वगन्धा	15
आँवला	19
केवांच	25
ग्वारापाठा अथवा धृतकुमारी	30
लटजीरा	33
चन्द्रशूर	35
पपीता	37
रतनजोत	46
शरपुंखा	50
मेंहदी	54
सदाबहार	60
गिलोय-औषधीय उपयोग तथा कृषित प्रक्रियाएँ	62
लेमनग्रास अथवा नींबू घास	65
तुलसी	71
सफेद मूसली	79

अडूसा

अडूसा, एकेन्थेसी परिवार की एक छोटी सदाबहार झाड़ी के रूप में समस्त भारतवर्ष में प्राकृतिक रूप से पाया जाता है। अडूसा की घनी झाड़ी 1.2 से 2.5 मीटर तक ऊँची होती है जिसकी लम्बी शाखाएँ होती हैं। इसकी शाखाओं पर गुच्छे के रूप में सफेद फूल आते हैं जो कि कालान्तर में बीज के रूप में परिवर्तित हो जाते हैं। इसके पत्ते गहरे हरे रंग के होते हैं।

औषधीय कार्य हेतु अडूसा के पत्ते, जड़ें, फूल तथा फल उपयोग में लाए जाते हैं।

इसके पत्ते तथा जड़ों का उपयोग खाँसी, पीलिया तथा बदहज़मी के उपचार हेतु किया जाता है। एक बलवर्धक के रूप में भी इसका उपयोग किया जाता है। इसके हरे पत्तों को आसवित करके एसेंशियल आयल तथा वेसीन नामक एल्केलाइड प्राप्त किया जाता है जो कि खाँसी में अत्यन्त उपयोगी होता है तथा श्वास तन्त्र को सही करता है। इसके साथ-साथ इसमें हाईपरसेन्टिव गुण भी होते हैं तथा यह हृदय रोग में भी उपयोगी होता है। इसके पत्तों से पीले रंग की डाई का निर्माण भी किया जाता है तथा इसकी जड़ तथा तने की छाल से खाँसी एवं स्पलीन आदि के उपचार हेतु दवाई का निर्माण किया जाता है।

औषधीय उपयोग हेतु इसके पत्तों को तोड़कर सुखा लिया जाता है तथा तदनुसार संग्रहित कर लिया जाता है। पौधा जब लगभग एक वर्ष का हो जाए तो उसे उखाड़ लिया जाता है तथा तदनुसार साफ करके जड़ों को भी संग्रहित कर लिया जाता है। प्रायः इसके पत्तों की बिक्री दर 1.50 रु. से 4 रु. प्रति किलोग्राम तक होती है।

यद्यपि यह प्राकृतिक रूप में भी प्रचुर मात्रा में पाया जाता है परन्तु इसकी खेती भी की जा सकती है। इसका प्रवर्धन बीज से भी किया जा सकता है तथा कटिंग से भी। दोनों ही स्थितियों में सर्वप्रथम पौधों को पौलीबैग्स में विकसित करने की आवश्यकता होती है जिसके लिए मई-जून अथवा सितम्बर-अक्टूबर का माह काफी उपयुक्त रहता है। जब पौधे एक-डेढ़ माह के हो जाएँ तो उनका विधिवत खेत में रोपण कर दिया जाता है। क्योंकि यह पौधा किसी भी प्रकार की भूमि में पैदा हो जाता है अतः मृदा के प्रकार के बारे में ज्यादा चिन्ता करने की आवश्यकता नहीं होती। बंजर भूमि में भी यह सफलतापूर्वक उगाया जा सकता है।

अडूसा के प्रमुख औषधीय उपयोग एवं उपयोग की विधि

परम्परागत रूप से अडूसा निम्नानुसार औषधीय उपयोगों में प्रयुक्त किया जा रहा है—

- इसके पत्तों का काढ़ा जोड़ों के दर्द के उपचार हेतु दिया जाता है।
- इसके पत्तों तथा जड़ों का काढ़ा सभी प्रकार की खाँसियों तथा ब्रोन्काइटिस के उपचार हेतु प्रभावी माना जाता है। खाँसी तथा ब्रोन्काइटिस के उपचार हेतु

इसका काढ़ा अदरक के साथ तैयार करके दिया जाना चाहिए।

- इसके सुखाए हुए पत्तों को रोल करके उनका सिगरेट जैसा बनाकर पीने से अस्थमा (दमा) में राहत मिलती है।
- इसके पत्तों का काढ़ा गर्भ गिराने हेतु भी प्रयुक्त किया जाता है।
- इसके पत्तों का रस पेचिश तथा डायरिया के उपचार हेतु प्रयुक्त किया जाता है।
- इसका कड़ुवा रस पेट के कीड़े निकालने हेतु प्रयुक्त किया जाता है।
- इसके ताज़े फूलों का उपयोग आँखों की बीमारियों के उपचार हेतु किया जाता है।
- इसके पत्तों का काढ़ा महिलाओं के मासिक धर्म को नियमित करने तथा गोनोरिया (सुजाक) के उपचार हेतु प्रयुक्त किया जाता है।
- इसके फूलों का काढ़ा खून को साफ करने तथा खून का संचारण नियमित करने हेतु प्रयुक्त किया जाता है।
- यह पीलिया रोग तथा मूत्र विकारों को ठीक करने में भी प्रभावी होता है।

उपर्युक्तानुसार देखा जा सकता है कि अडूसा के अनेकों महत्त्वपूर्ण औषधीय उपयोग हैं। सौभाग्यवश यह पौधा हमारे देश के विभिन्न क्षेत्रों में अधिक मात्रा में प्राकृतिक रूप से उपलब्ध है परन्तु इसका विधिवत् प्रवर्धन भी किया जा सकता है, जो कि व्यावसायिक दृष्टि से काफी उपयोगी सिद्ध हो सकता है।

अरंडी

भारत के विभिन्न प्रदेशों में मुख्यतया खरीफ ऋतु में उगाई जानेवाली अरंडी जिसे अंग्रेजी में ''कैस्टर'' कहते हैं तथा जिसका वैज्ञानिक नाम रिसिनस कामुनिस (Ricinus Communis) है, एक प्रमुख तिलहनी फसल है जिसके बीजों से तैयार होनेवाला तेल अनेक औद्योगिक एवं औषधीय उपयोगों हेतु प्रयुक्त किया जाता है।

अरंडी के बीजों मे 45 से 55 प्रतिशत तक तेल पाया जाता है जिसमें सर्वाधिक मात्रा में एक वसा अम्ल-रिसिनोलिक एसिड (Ricinolic Acid) पाया जाता है। अरंडी के

तेल में इस अम्ल की मात्रा 90 प्रतिशत से भी अधिक होती है जिसके कारण यह अनेक उपयोगों में काम में लाया जाता है तथा इसकी व्यापक बाजार माँग उपलब्ध है।

वैसे तो भारतवर्ष मे अरंडी मुख्यतया शुष्क, असिंचित तथा वीरान क्षेत्रों में उगाई जाती है परन्तु सिंचित तथा उपजाऊ क्षेत्रों के लिए भी यह काफी लाभकारी फसल है। वर्तमान में हमारे देश में इसकी खेती मुख्यतया गुजरात, राजस्थान, आन्ध्रप्रदेश, कर्नाटक, तमिलनाडु तथा उड़ीसा राज्यों में हो रही है। मध्यप्रदेश, असम, बिहार तथा महाराष्ट्र में भी इसकी व्यावसायिक खेती प्रारम्भ हो चुकी है तथा यह काफी सफल भी रही है। अरंडी के उत्पादन में भारत का विश्व में अग्रणी स्थान है तथा विश्व के कुल उत्पादन का 68 प्रतिशत भारत में उत्पादित होता है। निर्यात की दृष्टि से विश्व-भर में ब्राजील के बाद भारत का दूसरा स्थान है। भारत से इसका निर्यात निरन्तर बढ़ता जा रहा है।

अरंडी एक अत्यधिक कठोर (हार्डी) प्रवृत्ति का पौधा है जो कि लगभग विशेष रूप से ज्यादा तापक्रम, कम आर्द्रतावाले क्षेत्र तथा ऐसे क्षेत्र जहाँ साफ मौसम तथा गर्मियाँ ज्यादा लम्बी होती हों, इसके लिए ज्यादा उपयुक्त होते हैं जबकि ज्यादा आर्द्र तथा धुंधवाले क्षेत्र इसके लिए ज्यादा उपयुक्त नहीं है। इसकी खेती ऐसे क्षेत्रों में भी की जा सकती है जहाँ सिंचाई की व्यवस्था हो तथा ऐसे क्षेत्र भी जहाँ सिंचाई की व्यवस्था न हो, अरंडी के इन्हीं समस्त गुणों के कारण यह मध्य भारत के राज्यों—मध्यप्रदेश, महाराष्ट्र,

आन्ध्रप्रदेश, गुजरात, कर्नाटक, उत्तरप्रदेश के निचले क्षेत्रों, राजस्थान, पंजाब, हरियाणा आदि राज्यों के लिए अत्यधिक उपयोगी तथा आसान फसल है।

अरंडी के प्रमुख उपयोग

अरंडी एक बहुमूल्य पौधा है तथा इसके तेल से लेकर खली तक तथा पत्ती से लेकर बंडल तक सभी भाग उपयोगी होते हैं। अरंडी का तेल रिसिनोलिक अम्ल (Ricinolic Acid) का सर्वाधिक महत्त्वपूर्ण तथा सबसे बड़ा स्रोत है। इसके तेल में 90 प्रतिशत तक रिसिनोलिक अम्ल पाया जाता है। यह तेल कम तापमान पर तरल तथा उच्च तापमान पर लसीला (Viscous) रहता है। यह तेल उड़नशील न होने के कारण लुब्रीकेंट के रूप में प्रयुक्त किया जाता है तथा इससे उत्कृष्ट श्रेणी के लुब्रीकेंट बनाए जाते हैं। इसके अतिरिक्त ऐसे अनेक अन्य उत्पाद हैं जिनमें अरंडी का तेल तथा इसके अन्य संजात (derivatives) प्रयोग में लाए जाते हैं। इनमें से कुछ प्रमुख उत्पाद निम्नानुसार है–

(क) अरंडी की खली के उपयोग
(ख) अरंडी के पत्तों का उपयोग
(ग) अरंडी के डंठल (तने) का उपयोग
(घ) दूसरे पौधों के लिए छाया के रूप में अरंडी के उपयोग

अरंडी की खेती की विधि

भूमि की आवश्यकता : अरंडी प्रायः सभी प्रकार की मिट्टियों में (बहुत भारी मृदाओं तथा ऐसी मृदाओं जिसमें पानी काफी देर तक रुकता हो) उगाई जा सकती है। वैसे तो विभिन्न प्रदेशों में अरंडी सुविधानुसार रेतीली दोमट तथा भारी दोमट मिट्टियों में उगाई जाती है परन्तु प्रायः 5 से 6.5 तक का पी.एच. मान (थोड़ी अम्लीयता) इसकी सही बढ़त के लिए उपयुक्त होता है। वैसे यह 8 पी.एच. तक की क्षारीयता भी सहन कर लेती है।

अरंडी की खेती की समयावधि : अरंडी एक बहुवर्षीय फसल के रूप में भी उगाई

जा सकती है तथा कम अवधिवाली फसल के रूप में भी। यदि इसके पौधों की सही देखभाल होती रहे तो यह 8-10 वर्ष तक भी अच्छी फसल दे सकती है।

अरंडी के साथ ली जा सकनेवाली अन्तर्वर्तीय फसलें : ऐसे क्षेत्र जहाँ अरंडी एक मुख्य फसल के रूप में ली जाती है। वहाँ कतार-से-कतार की दूरी 5 फीट तक रखी जा सकती है तथा बीज में अन्य अन्तर्वर्तीय फसलें ली जा सकती हैं। यह पाया गया है कि ऐसा करने पर भी अरंडी के उत्पादन में कोई कमी नहीं आती। जैसे—मटर, चना, ग्वार, बाजरा, तिल आदि।

अरंडी की उन्नत किस्में : अरंडी की अनेक किस्में आन्ध्रप्रदेश, तमिलनाडु, कर्नाटक, उत्तरप्रेदश तथा राजस्थान के कृषकों द्वारा बोई जाती हैं जिनमें प्रमुख हैं—अरुण, भाग्या, सौभाग्या, आर.सी.-8, एस.एम.वी.-5, टी-3, टी-4 आदि। सामान्य किस्मों के साथ-साथ अरंडी की कई संकर (हाईब्रीड) प्रजातियाँ भी किसानों द्वारा उपयोग में लाई जाती हैं तथा ये अपेक्षाकृत ज्यादा लोकप्रिय हो रही हैं। अरंडी की हाईब्रिड प्रजातियों में प्रमुख हैं—जी.ए.यू.सी.एच.-1, जी.सी.एच.-4, जी.सी.एस.-9, एस.के.आई.-73 (जी.सी.-2), डी.सी.एच.-322, जी.सी.एच.-32, जी.सी.एच.-5, पी.सी.एस.-4, डी.सी.एच.-177, टी.एम.वी.सी.एच.-1, जे.ए.बी.-665, वेस्टर्न-6 आदि। इन समस्त प्रजातियों में से वेस्टर्न-6 प्रजाति एक ऐसी हाईब्रीड प्रजाति है जो अपेक्षाकृत ज्यादा लाभकारी सिद्ध हो रही है।

अरंडी की बिजाई का उपयुक्त समय : जिन क्षेत्रों में अरंडी वर्षाऋतु की फसल के रूप में लगानी हो, अर्थात् जहाँ सिंचाई की सुविधा न हो वहाँ पर वर्षाऋतु प्रारम्भ होते ही इसकी बिजाई कर दी जानी चाहिए।

अरंडी की बिजाई करते समय बीज की गहराई का ध्यान रखा जाना भी आवश्यक होता है। हल्की मिट्टियों के सन्दर्भ में (जिनमें ऊपरी सतह पर अपर्याप्त नमी रहती है) 8 से 10 सेंटीमीटर गहरा बीज डालना उपयुक्त रहता है जबकि ऐसे क्षेत्रों में जहाँ पर्याप्त नमी हो, 6 से 8 सेंटीमीटर गहरा बीज डालना पर्याप्त रहता है। भारी मृदाओं में बीज की गहराई 5 से 6 सेंटीमीटर से ज्यादा नहीं होनी चाहिए। जिन क्षेत्रों में सिंचाई की पर्याप्त व्यवस्था हो उनमें बिजाई के समय के बारे में ज्यादा ध्यान देने की आवश्यकता नहीं होती।

पौधे से पौधे की दूरी तथा पौधों की संख्या प्रति एकड़ : क्योंकि अरंडी ज्यादा फैलनेवाला

पौधा है, अतः इसकी बिजाई करते समय पौधे-से-पौधा तथा कतार-से-कतार की दूरी का काफी महत्त्व होता है। यद्यपि इस दूरी का निर्धारण अनेक कारकों पर निर्भर करता है जैसे—लगाई जानेवाली वेरायटी, सिंचित अथवा असिंचित अवस्था, भूमि की उर्वरा शक्ति तथा मृदा का प्रकार, बीच में ली जानेवाली अन्तर्वर्तीय फसलें आदि परन्तु उत्कृष्ट श्रेणी की हाईब्रीड वेरायटियों में सिंचित अवस्था में कतार-से-कतार की दूरी 5 फीट तथा पौधे-से-पौधे की दूरी 2 फीट रखा जाना उपयुक्त समझा जाता है। इसी प्रकार असिंचित अवस्थाओं में अरंडी की खेती करने पर कतार-से-कतार के बीच की दूरी 5 फीट तथा पौधे-से-पौधे के बीच की दूरी एक फीट पर्याप्त होती है। इस प्रकार सिंचित अवस्था में 5×2 फीट तथा असिंचित अवस्थाओं में 5×1 फीट की दूरी से अरंडी की बिजाई करना उपर्युक्त रहता है। वैसे यदि 3×2 फीट की दूरी पर लगाया जाए तो औसतन एक एकड़ में बिजाई के लिए चार से पाँच किलोग्राम तथा यदि 5×2 फीट की दूरी पर लगाया जाए तो औसतन 2 से 3 किलोग्राम बीज की आवश्यकता पड़ती है तथा वर्तमान में हाईब्रीड अरंडी की अच्छी किस्म के बीजों की औसत दर 250 रुपए प्रति किलोग्राम है।

अरंडी की खेती के लिए खाद की आवश्यकता : सही मात्रा में उपयुक्त खाद देने से अरंडी के पौधों में आशातीत वृद्धि होती है तथा इसका उत्पादन पर तत्काल प्रभाव पड़ता है। नाइट्रोजन तथा फास्फोरस के तत्त्वों को इकट्ठा मिलाकर देने से अरंडी की वृद्धि पर काफी अनुकूल प्रभाव होना पाया जाता है। अभी तक हुए प्रयोगों में यह देखा गया है कि प्रति एकड़ 18 किलोग्राम नाइट्रोजन तथा 25 किलोग्राम फास्फोरस की डोज़ देने से अरंडी की फसल से आशानुरूप उत्पादन लिया जा सकता है। इसी प्रकार गोबर अथवा कम्पोस्ट खाद की यदि 8 टन मात्रा प्रति एकड़ की दर से दी जाए तो यह उतना ही कार्य करती है जितना उपरोक्त नाइट्रोजन तथा फास्फोरस की मात्रा। यह भी देखा गया है कि हाईब्रीड वैरायटियों पर खाद का अपेक्षाकृत ज्यादा प्रभाव पड़ता है। एकीकृत खाद प्रबन्धन जिसके अन्तर्गत हरी खाद अथवा फास्फेट घुलनशील बैक्टीरिया का उपयोग किया जाता है, भी काफी उपयोगी है क्योंकि इससे भूमि की उर्वरा शक्ति बरकरार रहती है। हरी खाद के रूप में तथा अन्तर्वर्तीय फसल के रूप में अरंडी के साथ सूबबूल भी काफी उपयोगी पाया गया है।

अरंडी के लिए पानी (सिंचाई) की आवश्यकता : यद्यपि अरंडी सूखे में भी काफी अच्छी तरह तैयार हो जाती है। परन्तु यदि इसकी सिंचाई की उपयुक्त व्यवस्था हो जाए तो यह "सोने में सुहागा" जैसी बात होगी।

निराई-गुड़ाई तथा खरपतवार नियन्त्रण : अरंडी की फसल की प्रारम्भिक अवस्था में इसकी खरपतवारों से सुरक्षा अत्यधिक आवश्यक होती है। प्रारम्भिक दिनों में अरंडी की बढ़वार काफी धीमी होती है क्योंकि अरंडी के पौधे काफी दूर-दूर उगाए जाते हैं अतः इनके बीच की जगह में काफी मात्रा में खरपतवार उग आते हैं। अतः बिजाई के 45-50 दिनों तक फसल को खरपतवारों से मुक्त रखना अत्यधिक आवश्यक होता है। वैसे तो यदि हाथ से ही निराई-गुड़ाई की जा सके तो यह अति उत्तम रहेगा परन्तु विशेष रूप से चौड़ी पत्तीवाले खरपतवारों के नियन्त्रण हेतु बिजाई के समय कुछ खरपतवार नाशक जैसे फ्लूक्लोरलिन तथा पेंडीमेथलिन का उपयोग करने से खरपतवारों को नियन्त्रित किया जा सकता है। वैसे फसल के बीच कुलपा चलाकर भी खरपतवार नियन्त्रित किए जा सकते हैं।

अरंडी की फसल की कीट तथा प्रमुख बीमारियाँ

(क) फसल के प्रमुख कीट : अरंडी की फसल से सम्बन्धित ऐसी कोई विशेष महत्त्वपूर्ण कीट-व्याधियाँ नहीं हैं जो इसकी पैदावार को ज्यादा प्रभावित कर पाएँ। इसके कठोर स्वभाव तथा बहुवर्षीय होने के कारण यह अधिकांश कीटों से मुक्त रहता है। वैसे इस फसल में होनेवाले प्रमुख कीट हैं—सेमीलूपर, रेड हेयरी केटरपिलर, जेसिड्स, व्हाइटफ्लाई, कैप्सूल बोरर तक लीफ माइनर आदि, जिनसे निम्नानुसार सुरक्षा की जा सकती है—

(अ) सेमीलूपर : यह कीट मुख्यतया वर्षाकाल (अगस्त-सितम्बर माह) में ज्यादा नुकसान पहुँचाता है। ये कीट काले भूरे अथवा मखमली रंग के होते हैं जिन पर हरी भूरी अथवा नारंगी धारियाँ बनी होती हैं। ये गिडारों की तरह सीधी न चलकर रेंगती हुई बीच में उठी हुई चलती हैं तथा पत्तों की सतह को खाती हैं।

(क) उन पत्तियों को जिन पर इसका प्रकोप हुआ हो, हाथ से तोड़कर दबा दिया जाए तथा इसके लार्वा को इसकी प्राथमिक अवस्था में ही नष्ट कर दिया जाए।

(ख) ऐसे परजीवी (पैरासाइट्स) जैसे टैलीनोमस प्रोडिटर तथा ट्रिकोग्रामा किलोनिस तैयार किए जाएँ जो सेमीलूपर के लार्वा को नष्ट कर दें।

(ग) यदि ये ज्यादा मात्रा में हो जाएँ तो 0.05 प्रतिशत की दर से मोनोक्रोटोफॉस अथवा क्विनोलफॉस अथवा डायमेथोएट का छिड़काव करें। एंडोसल्फान का उपयोग करने की स्थिति में सवा लीटर एंडोसल्फान (35 ई.सी.) का पानी में घोल बनाकर प्रति हेक्टेयर छिड़काव करना उपयुक्त रहेगा।

(ब) रेड हेयरी केटरपिलर अथवा बिहार हेयरी केटरपिलर : यह पौधों के तनों तथा कैप्सूल्स को खाकर खोखला कर देता है तथा खोखले तनों के अन्दर घुसकर प्यूपा का रूप धारण कर लेता है—इससे बचाव के लिए भी आवश्यक है कि रोगग्रस्त तनों एवं कैप्सूल्स को इकट्ठा करके जला दिया जाए। इसके साथ-साथ एंडोसल्फान का छिड़काव करके भी पौध की सुरक्षा की जा सकती है।

(ख) अरंडी की फसल की प्रमुख बीमारियाँ : अरंडी की फसल को कीड़ों की बजाए बीमारियों से ज्यादा नुकसान पहुँचता है। इस सन्दर्भ में विल्ट, रुट रॉट तथा निमाटोड्स तीनों मिलाकर पौधों को नुकसान पहुँचाते हैं। इनसे बचाव के लिए आवश्यक है कि—

- **झुलसा ब्लाइट :** इस रोग की स्थिति में बीज पत्र की दोनों सतहों पर गोल एवं धुँधले धब्बे दिखाई पड़ने लगते हैं। इसमें पत्तियाँ गिरने लगती हैं तथा कभी-कभी तना भी गलने लगता है। इसकी रोकथाम के लिए 2 किलोग्राम मेंकोजेब का 1000 लीटर पानी में घोल बनाकर प्रति हेक्टेयर छिड़काव करना उपयुक्त रहता है।
- **पर्णचित्ती रोग :** इस रोग की स्थिति में पहले पत्तियों पर छोटे-छोटे धब्बे प्रकट होते हैं जो बाद में भूरे रंग के बड़े धब्बों में बदल जाते हैं। इसके नियन्त्रण के लिए 2 किलोग्राम डायथेन जेड-78 (जाइनेब) का 1000 लीटर पानी में घोल बनाकर छिड़काव करना उपयुक्त रहता है।

फसल की कटाई/तुड़ाई

अरंडी की फसल में फलों की तुड़ाई के समय का पूरा ध्यान रखा जाना आवश्यक होता

है। कई बार कृषक इसी इन्तजार में रहते हैं कि सभी स्पाईक्स (Spikes) पक जाएँ तभी एक साथ फल तोड़े जाएँ, जो कि सही नहीं है। इस प्रक्रिया में कुछ फलों के ज्यादा पक जाने से उनके बीज गिर जाते हैं जिससे अनुमानतः 15 से 20 प्रतिशत उत्पादन की हानि होती है। इस वस्तुस्थिति का सर्वाधिक उपयुक्त हल यह है कि फलों की तुड़ाई एक से अधिक बार की जाए तथा जैसे-जैसे फल पकते जाएँ उनकी तुड़ाई करते जाएँ। वर्तमान में पूरी की पूरी हरी स्पाईक्स को ही काट लिया जाता है तथा इसे धूप में सुखाने के उपरान्त इसकी थ्रेशिंग कर ली जाती है। किन्हीं स्थानों पर पूरी की पूरी स्पाईक्स न काटकर केवल पके हुए फल ही चुन लिए जाते हैं तथा उनकी थ्रेशिंग करके बीज प्राप्त कर लिए जाते हैं। वैसे जो भी विधि अपनाई जाए, यह ध्यान अवश्य रखा जाना चाहिए कि फलों की तुड़ाई सही समय पर हो ताकि उपज की हानि न हो। इस प्रकार जब फल हल्के काले रंग के होने लगें तो तुड़ाई कर ली जानी चाहिए तथा यह तुड़ाई एक-एक माह के अन्तर से करते रहना चाहिए।

अरंडी की फसल तैयार होने में लगने वाला समय

अरंडी की फसल में फल आने में लगनेवाला समय अन्य कारकों के साथ-साथ इसकी किस्मों पर भी निर्भर करता है। वैसे तो फल आने में न्यूनतम समय 90 दिन का है परन्तु हाईब्रीड किस्मों में फल आने में औसतन 5 से 6 माह का समय लग जाता है। फलों की तुड़ाई एक-एक माह के अन्तराल से कर ली जानी चाहिए तथा उन्हें पूर्णतः सुखाकर तथा झाड़कर, कूटकर उनसे बीज प्राप्त कर संग्रहित कर लिए जाएँ।

अरंडी की फसल से प्राप्तियाँ

अरंडी की फसल में फल आने में लगनेवाला समय अन्य कारकों के साथ-साथ इसकी किस्मों पर भी निर्भर करता है। वैसे तो फल आने में न्यूनतम समय 90 दिन का है परन्तु हाईब्रीड किस्मों में फल आने में औसतन 5 से 6 माह का समय लग जाता है। फलों की

तुड़ाई एक-एक माह के अन्तराल से कर ली जानी चाहिए तथा उन्हें पूर्णतः सुखाकर तथा झाड़कर अथवा कूटकर उनसे बीज प्राप्त कर संग्रहित कर लिए जाने चाहिए।

अरंडी की फसल से प्राप्तियाँ

अरंडी की फसल से होनेवाली प्राप्तियाँ तथा उत्पादन कई कारकों पर निर्भर करता है। वैसे तो सामान्यतया असिंचित स्थितियों में प्रति एकड़ न्यूनतम 325 से 400 किलोग्राम तथा सिंचित स्थितियों में 600 से 800 किलोग्राम बीज प्रति एकड़ प्रतिवर्ष प्राप्त होता है परन्तु यदि फसल की सही देखभाल की जाए तो प्रति एकड़ 2400 किलोग्राम तक बीज किसानों द्वारा प्राप्त किया जा रहा है। अरंडी की हाईब्रीड किस्मों में से 'वेस्टर्न-6' वेरायटी में असिंचित अवस्था में 10 से 12 क्विंटल तथा सिंचित अवस्था में 25 से 30 क्विंटल तक बीज उत्पादित होने की सम्भावनाएँ व्यक्त की गई हैं। वैसे असिंचित अवस्था में औसतन 8 क्विंटल तथा सिंचित अवस्था में 20 क्विंटल अरंडी बीज प्रति एकड़ प्रतिवर्ष प्राप्त हो सकता है जिसका वर्तमान बिक्री मूल्य यदि 1500 रु. प्रति क्विंटल माना जाए तो इस फसल से 12000 से 30000 रु. प्रतिवर्ष की प्राप्तियाँ हो सकती हैं।

अश्वगन्धा

अश्वगन्धा (असंगध) जिसे अंग्रेजी में विंटर चैरी कहा जाता है तथा जिसका वैज्ञानिक नाम विदानिया सोम्नीफेरा (Withania Somnifera) है, भारत में उगाई जानेवाली महत्त्वपूर्ण औषधीय फसल है जिसमें कई तरह के एल्केलॉइड्स पाए जाते हैं। अश्वगन्धा को शक्तिवर्धक माना जाता है। भारत के अलावा वह औषधीय पौध स्पेन, फेनारी आईलैंड, मोरेक्को, जार्डन, मिश्र, पूर्वी अफ्रीका, बलुचिस्तान (पाकिस्तान) और श्रीलंका में भी पाया जाता है। भारतवर्ष में यह पौधा मुख्यतया गुजरात, मध्यप्रदेश, राजस्थान, पश्चिमी उत्तरप्रदेश, पंजाब, हरियाणा के मैदानों, महाराष्ट्र, पश्चिमी बंगाल, कर्नाटक, केरल एवं

हिमालय में 1500 मीटर तक की ऊँचाई तक पाया जाता है।

अश्वगन्धा के औषधीय गुण एवं उपयोग : अश्वगन्धा के पौधे 3 से 6 फीट तक ऊँचे होते हैं। इसके ताज़े पत्तों तथा इसकी जड़ को मसलकर सूँघने से उनमें घोड़े के मूत्र जैसी गन्ध आती है। सम्भवतया इसी वजह से इसका नाम अश्वगन्धा पड़ा होगा। इसकी जड़ मूली के जैसी परन्तु उससे काफी पतली (पेन्सिल की मोटाई से लेकर 2.5 से 3.75 सेमी. मोटी) होती है तथा 30 से 45 सेमी. तक लम्बी होती है। यद्यपि यह जंगली रूप में भी मिलती है परन्तु उगाई गई अश्वगन्धा ज्यादा अच्छी होती है।

अश्वगन्धा में विथेनिन और सोमेनीफेरीन एल्केलाइड्स पाए जाते हैं जिनका उपयोग आयुर्वेदिक तथा यूनानी दवाइयों के निर्माण में किया जाता है। इसके बीज, फल, छाल एवं पत्तियों को विभिन्न शारीरिक व्याधियों के उपचार में प्रयुक्त किया जाता है। आयुर्वेद में इसे गठिया के दर्द, जोड़ों की सूजन, पक्षाघात तथा रक्तचाप आदि जैसे रोगों के उपचार में इस्तेमाल किए जाने की अनुशंसा निकोटीन सोमननी विथनिनाईन एल्केलाइड भी इस पौधे की जड़ों में पाया जाता है। अश्वगन्धा पर आधारित शक्तिवर्धक कैप्सूल या टेबलेट फार्म में विभिन्न ब्रांडों जैसे वीटा-एक्स गोल्ड, शिलाजीत, रसायनवटी, थ्री-नॉट-थ्री, थर्टीप्लस, एनर्जिक-31 आदि के रूप में विक्रय किया जाता है। इन औषधियों में लगभग 5-10 मिलीग्राम अश्वगन्धा पाउडर का उपयोग एक कैप्सूल या टेबलेट में किया जाता है जिसका बाजार विक्रय मूल्य 10 से 15 रुपए प्रति कैप्सूल होता है, जबकि अश्वगन्धा की

तैयार फसल का विक्रय मूल्य मात्र 40.00 रुपए से 80.00 रुपए प्रति किलो तक मिलता है। अर्थात् अश्वगन्धा फसल के बिक्री मूल्य की तुलना में अश्वगन्धा से तैयार औषधि का विक्रय मूल्य लगभग दस गुना अधिक होता है। मध्यप्रदेश में उत्पन्न होनेवाली समस्त अश्वगन्धा की फसल स्थानीय मंडियों के माध्यम से न्यूनतम 4000 रुपए प्रति क्विंटल पर अन्य प्रदेशों में स्थापित औषधि निर्माण कम्पनियों को भेजी जाती है। मध्यप्रदेश के मन्दसौर जिले में स्थापित एक कम्पनी द्वारा औषधि का निर्माण न करते हुए केवल अश्वगन्धा पावडर को तैयार करके ही बड़ी कम्पनियों को बेचा जाता है। मध्यप्रदेश में अश्वगन्धा का इतने व्यापक स्तर पर उत्पादन किया जा रहा है कि यहाँ पर अश्वगन्धा पर आधारित औषधियों को निर्मित करने अथवा अश्वगन्धा का पावडर तैयार करने की इकाइयाँ स्थापित करने की भी सम्भावना है। इसके साथ-साथ इसकी व्यावसायिक खेती को भी एक लाभकारी स्वरोजगार के रूप में अपनाया जा सकता है।

अश्वगन्धा की खेती की विधि : बलुई दोमट या हल्की लाल मिट्टी, जिसका पी. एच. मान 7.5 से 8.0 हो तथा जिसमें जल निकास की पर्याप्त व्यवस्था हो, अश्वगन्धा की खेती के लिए उपयुक्त होती है। कृषि वैज्ञानिकों का मत है कि अपेक्षाकृत निम्न श्रेणी की भूमि का उपयोग किए जाने पर भी इसकी खेती में सन्तोषजनक उत्पादन मिल सकता है। यह एक पछैती खरीफ फसल है जिसे 650 से 750 मिमी. वर्षा वाले क्षेत्रों में अच्छी तरह से उत्पादित किया जा सकता है एवं इसकी उत्पाद गुणवत्ता भी अच्छी रहती है। अश्वगन्धा की खेती के लिए जवाहर अश्वगन्धा-20 प्रजाति ज्यादा उपयुक्त पाई गई है।

अश्वगन्धा की बुवाई की विधि : सीधे बीज से अश्वगन्धा की बुवाई हेतु 4-5 किलो बीज प्रति एकड़ की दर से तैयार खेत में भारी वर्षा के उपरान्त छिड़काव विधि से बोए जाते हैं। वैसे इसकी बुवाई जुलाई माह से सितम्बर माह तक की जा सकती है। बुवाई से पूर्व दो ट्राली गोबर अथवा कम्पोस्ट खाद प्रति एकड़ खेत में मिलना अच्छी फसल के लिए आवश्यक होगा। बीजों को बोने से पूर्व उन्हें डायथेन एम-45 से 3 ग्राम प्रति किलो की दर से उपचारित किया जाता है। बिजाई के 25-30 दिन बाद विरलीकरण कर 150-200 पौधे प्रति वर्गमीटर रखे जाते हैं। नर्सरी में पौधे तैयार करके भी रोपण किया जा सकता है। इस विधि में 2 किलोग्राम बीज को मानूसन आने के समय नर्सरी में बोया

जाता है। 6-7 दिनों में अंकुरण पूर्ण होने के 6 सप्ताह के पश्चात् ये पौधे रोपण हेतु तैयार हो जाते हैं। पौधे 60 सेमी.×60 सेमी. के अन्तर पर लगाए जाते हैं। बुवाई से पहले 6 किलो नाइट्रोजन एवं 6 किलो स्फुर प्रति एकड़ मिट्टी में मिलाया जाता है।

अश्वगन्धा की फसल में होनेवाली प्रमुख बीमारियाँ : अश्वगन्धा की फसल पर कीट व्याधी का कोई विशेष असर नहीं होता है। कभी-कभी इस फसल में माहू कीट तथा पौध झुलसा व पर्ण झुलसा लग सकता है जिसके नियन्त्रण हेतु क्रमशः मैलाथियान या मोनीक्रोटोफास एवं बीज उपचार के अलावा डायथेन एम-45, 3 ग्राम प्रति लीटर पानी घोल में तैयार कर बुवाई के 30 दिन के उपरान्त छिड़काव किया जा सकता है। आवश्यकता पड़ने पर 15 दिन के अन्तर से पुनः छिड़काव किया जाना उपयोगी होता है।

फसल की कटाई एवं उपज की प्राप्ति : अश्वगन्धा की फसल की कटाई इसकी बिजाई के 150 से 170 दिन के बाद (दिसम्बर से फरवारी माह तक) की जाती है। फसल की परिपक्वता इसके फलों के लाल होने एवं पत्तियों के सूखने से मालूम होती है। परिपक्वता हो जाने पर सम्पूर्ण पौधे को उखाड़ लिया जाता है तथा तदुपरान्त जड़ों के गुच्छे से 1-2 सेमी. ऊपर से तना अलग कर दिया जाता है। सुखाने की सुविधा हेतु जड़ों को 7-10 सेमी. लम्बाई के टुकड़ों में काट लिया जाता है तथा जड़ों की ग्रेडिंग कर ली जाती है। फलों को सूखे पौधे से तोड़कर उनकी गहाई करके बीज निकाल लिए जाते हैं। प्रायः अश्वगन्धा की फसल से प्रति एकड़ तीन क्विंटल जड़ें तथा 20 से 30 किलोग्राम बीज प्राप्त होता है।

अश्वगन्धा की खेती के आर्थिक पहलू : छह माह की अवधि की अश्वगन्धा की खेती पर प्रति एकड़ लगभग 6,000/- रु. की लागत आती है जबकि इसके उत्पादों से लगभग 20,000/- रु. की प्राप्तियाँ होती हैं, यदि खेती कार्बनिक पद्धति से की जाए तो फसल की 30 प्रतिशत अधिक कीमत मिल सकती है।

अश्वगन्धा एक बहुउपयोगी औषधीय फसल है जिसे कृषक वर्ग व्यावसायिक खेती के रूप में अपनाकर अधिकाधिक लाभ प्राप्त कर सकता है।

अश्वगन्धा की खेती से सम्बन्धित प्रति एकड़ आय-व्यय का ब्यौरा

(क) लागत का ब्यौरा

1. खेत की तैयारी पर व्यय	=	500/-
2. बीज की लागत (5 किग्रा. बीज 50 रु. प्रति किग्रा. की दर से)	=	250/-
3. खाद तथा कीटनाशकों की लागत	=	2,000/-
4. पानी देने, निराई-गुड़ाई तथा पौध संरक्षण पर व्यय	=	1,000/-
5. जड़ें इकट्ठी करने, साफ करने, ग्रेडिंग करने तथा पैकिंग पर व्यय	=	2,000/-
	योग	**5,750/-**

(ख) प्राप्तियाँ

1. जड़ों की बिक्री से प्राप्तियाँ (तीन क्विंटल जड़ें 6,000/-रु. प्रति क्विंटल की दर से)	=	18,00/-
2. बीजों के रूप में प्राप्तियाँ (30 किग्रा. बीज 50 रु. प्रति किग्रा. की दर से)	=	1,500/-
	योग	**19,500/-**

(ग) लाभ प्रति एकड़ = 13,750/-

आँवला

आँवले को आयुर्वेद का आधार स्तम्भ कहा जाए तो शायद अतिशयोक्ति नहीं होगी। आयुर्वेदिक औषधियों के निर्माण में सर्वाधिक मात्रा में प्रयुक्त किया जानेवाला आँवला उन तीन प्रमुख फलों—हरड़, बहेड़ा, आँवला में से एक है, जिन्हें मानव मात्र की अधिकांश बीमारियों के उपचार में सक्षम माना गया है। यूँ तो आँवले का वृक्ष जंगली रूप

में सम्पूर्ण भारत में पाया जाता है परन्तु वनों में पाए जानेवाले आँवले के फल छोटे आकार के होते हैं तथा उनमें कई बार धब्बे वगैरह भी देखने को मिलते हैं। जंगली रूप में पाए जानेवाले आँवले की इन्हीं कमियों को दूर करने के उद्देश्य से वैज्ञानिकों ने अनुसंधान द्वारा नई उन्नतिशील प्रजातियों के आँवले का विकास किया है, जिससे आँवले की व्यावसायिक खेती को बढ़ावा मिला है। इन उन्नतशील प्रजातियों से प्राप्त होनेवाले उत्पाद अपेक्षाकृत बड़े आकार व अच्छी गुणवत्ता के होते हैं। उत्तर प्रदेश के प्रतापगढ़ जनपद में उन्नतशील प्रजाति के आँवले की व्यावसायिक खेती काफी बड़े स्तर पर की जा रही है, जो आँवले की खेती के लिए सम्पूर्ण विश्व में प्रसिद्धि प्राप्त कर चुकी है। आँवले की व्यावसायिक खेती से सम्बन्धित महत्त्वपूर्ण जानकारियाँ निम्न प्रकार से हैं—

आँवले से बनाए जानेवाले प्रमुख उत्पाद

आँवले का उपयोग विभिन्न आयुर्वेदिक उत्पादों जैसे त्रिफला, च्यवनप्राश, आमलकी-रसायन, आँवला-पाक, आँवला चूर्ण आदि के निर्माण हेतु किया जाता है। इसके अतिरिक्त आँवले से विभिन्न खाद्य पदार्थ जैसे अचार, मुरब्बा, जैम, चटनी स्क्वैश, लड्डू, बरफी, कैंडी आदि भी बनाए जाते हैं। अनेक सौन्दर्य प्रसाधन जैसे आँवला तेल व शैम्पू भी आँवले से निर्मित होनेवाले प्रमुख उत्पाद हैं।

आँवले की खेती हेतु कृषि तकनीक

● **आँवले की खेती के लिए उपयुक्त मिट्टी :** आँवले की खेती ऊसर, बंजर, अनुपजाऊ व असिंचित दशा वाली जमीनों में सफलतापूर्वक की जा सकती है। 7 से 9.5 के बीज का भूमि का पी.एच. मान इसकी खेती के लिए उपयुक्त होता है।

● **पौधों की दूरी :** डेंस पद्धति के अनुसार लगाने पर पौधे से पौधे की दूरी 15×15 फीट होनी चाहिए जबकि परम्परागत पद्धति के अनुसार जीवन की उर्वरता के अनुसार 25×25 फीट से लेकर 30×30 फीट तक की दूरी पर पौधे लगाए जा सकते हैं। एक एकड़ में लगभग 40 से 50 पौधे लगाए जाना उपयुक्त होता है।

● **गड्ढ़े की तैयारी :** पौधा लगाने से पहले मई माह में 2.5×2.5×2.5 फीट का गड्ढ़ा उपरोक्त दूरी के अनुसार खुदाई करके प्रत्येक गड्ढ़े में एक टोकरी सड़ी हुई गोबर की खाद मिट्टी के साथ मिलाकर इसमें 50 ग्राम फालीडाल पाउडर डालकर इसे फावड़े से अच्छी प्रकार मिलाकर छोड़ देना चाहिए।

● **आँवले की खेती हेतु पौधा सामग्री :** आँवले की बिजाई हेतु दोनों विधियाँ प्रयुक्त की जा सकती हैं—(क) सीधे बीजों की गड्ढ़ों में बिजाई तथा (ख) नर्सरी में पौध बनाकर पौधों को खेत/बगीचे में ट्रांसप्लांट करना। इनमें से नर्सरी से पौधे लेकर उन्हें पूर्वतया तैयार गड्ढ़ों में रोपित करना न केवल ज्यादा उपयोगी है बल्कि पौधों तथा उत्पादों की गुणवत्ता के दृष्टिकोण से भी लाभकारी है। विशेष रूप से उत्तर प्रदेश के प्रतापगढ़ क्षेत्र में ऐसी अनेक नर्सरियाँ कार्यरत हैं, जहाँ से आँवले की पौध ली जा सकती है।

● **लगाने का समय :** आँवले के पौधे लगाने के लिए जुलाई से अक्टूबर प्रथम सप्ताह तक का समय काफी उपयुक्त है। सिंचाई की सुविधा होने पर इसे जनवरी-फरवरी में भी लगाया जा सकता है। लगाने के तुरन्त पश्चात् गड्ढ़े में एक बाल्टी पानी से सिंचाई कर देनी चाहिए। इसके बाद पौधे की आवश्यकतानुसार 15-20 दिन मे एक बार सिंचाई करें।

● **आँवले की उन्नतिशील प्रजातियाँ :** आँवले की उन्नतशील प्रजातियाँ हैं—चकैया, कंचन, कृष्णा, फ्रांसिस, एन.ए.-6, एन.ए.-7 एन.ए.-10, बनारसी बी.एस.आर.-1, आनन्द-1, संसार-गोल्ड आदि। ऐसी सलाह दी जाती है कि खेत में एक उन्नतशील प्रजाति की दो लाइन आँवले लगाने के बाद दूसरी प्रजाति की एक लाइन लगा दी जाए तथा बीच में 5

प्रतिशत पौधे देशी आँवले के भी लगा दिए जाएँ तो अपेक्षाकृत उपज बढ़ जाती है।

● **आँवले के पौधे से फलों की प्राप्ति :** आँवले के पौधे से चौथे वर्ष से फल आना शुरू हो जाता है तथा प्रति वर्ष 8 से 10 किलोग्राम के लगभग फल देने लगता है। फल आने का समय नवम्बर से फरवरी तक होता है। आठवें-नवें वर्ष में एक वृक्ष एक कुन्तल औसतन उत्पादन (लगभग साठ वर्ष तक) देता है। फल की मात्रा ज़मीन की उर्वरता पर भी निर्भर करती है तथा कभी-कभी तो कई वृक्ष 2.5 क्विंटल तक फल देते भी देखे गए हैं।

● **विपणन :** बाजार में आँवले के कच्चे फल की विक्रय दर फल की साइज व चमक के आधार पर 5 रुपए प्रति किलो से लेकर 12 रुपए प्रति किलो तक देखी जाती है। इस प्रकार आँवले की फसल से चौथे वर्ष से सात हजार रुपए प्रति हेक्टेयर (परम्परागत पद्धति से लगाने पर) की प्राप्तियों से शुरू होकर अगले आठवें-नवें वर्ष से स्थायी रूप से लगभग एक लाख रुपए वार्षिक की प्राप्तियाँ प्रति हेक्टेयर होनी अनुमानित हैं।

देश की प्रमुख आयुर्वेदिक दवा निर्माता कम्पनियाँ, खाद्य-प्रसंस्करण उद्योगों वाली कम्पनियाँ तथा देश की प्रमुख सब्जी मंडियाँ जैसे दिल्ली, कलकत्ता, मुम्बई, चेन्नई, कोयम्बटूर, आदि इसके विपणन के प्रमुख क्षेत्र हैं। वैसे आँवले के बड़े फल की माँग देश भर की समस्त फल मंडियों में रहती है। आँवला फल चूँकि भारत का देशज फल है, अतः इसका निर्यात कर विदेशी मुद्रा भी अर्जित की जा सकती है।

आँवले के पौधों में लगनेवाले रोग व कीड़ों का उपचार

1. सूटगाल मेकर–इस रोग के कारण आँवले के पेड़ की डालियों का अग्रस्थ भाग एक गाँठ के रूप में फूल जाता है जिसमें काले रंग का कीड़ा पाया जाता है। इस रोग के उपचार के लिए अभी सही अनुसंधान नहीं हो पाया है। वैसे परम्परागत विधि में गाँठ को तोड़कर जला दिया जाता है। गाँठ के तोड़ने के पश्चात् पौधे की जो वृद्धि रुक गई हो वह पुनः शुरू हो जाती है। भविष्य में प्रति पेड़ पाँच-दस ग्राम फोरेट दवा पौधे की जड़ों के पास गुड़ाई करके डाल देने से सभी गाँठ बनानेवाले कीड़ों से छुटकारा मिल जाता है।

2. तना बेधक कीट (स्टेम बोरर)–प्रायः इस प्रकार का कीड़ा आँवले के तने को छेदकर तने का रस चूसता रहता है व पौधे की वृद्धि को प्रभावित करता है। तने में कीट लगने पर जिस जगह कीड़े ने तने में छेद किया हो उस छेद में केरोसिन तेल या पेट्रोल को ड्रापर द्वारा भरकर गीली मिट्टी से छेद को बन्द कर देना चाहिए। उससे कीड़े अपने आप समाप्त हो जाएँगे।

3. लीफ कैटर पिलर–यह पत्तियों पर रेंगनेवाला बरसाती कीड़ा है। इसके उपचार हेतु डायमेक्रान 0.2 प्रतिशत दवा स्प्रे करने से इस कीड़े से छुटकारा मिल जाता है।

4. एफिड–प्रायः इसे माहू भी कहते हैं। आँवले की पत्तियों में फरवरी-मार्च में यह रोग लगता है। इस रोग की पहचान यह है कि इसमें पत्तियों में चींटी/चींटे लगने लगते हैं। इस रोग का उपचार 0.2 डायमेक्रान दवा का स्प्रे करने से किया जा सकता है।

5. अन्य कीड़े–इसके अलावा चींटे, दीमक आदि कीटों की रोकथाम हेतु फालीडाल डस्ट या फोरेट दवा का प्रति पेड़ पाँच से दस ग्राम इस्तेमाल करना चाहिए।

आँवला बागवानी से सम्बन्धित अन्य महत्त्वपूर्ण बातें

1. रोपण के समय पौधे की ऊँचाई डेढ़ से तीन फीट के बीच होनी चाहिए। अधिक मोटा व बड़ा पौधा लेने से उसकी जड़ मिट्टी में देर से पकड़ने के कारण पौधे की वृद्धि काफी धीमी होती है।

2. आँवला शुष्क क्षेत्र का वृक्ष है अतः इसे गर्मी में सिंचाई करने की आवश्यकता बहुत कम होती है। खासतौर से मार्च से अप्रैल के अन्तिम सप्ताह के बीच जब आँवले पर पीले रंग के फूल आते हैं उस समय इसकी सिंचाई बिलकुल नहीं करनी चाहिए। मई-जून माह में यदि दस से पन्द्रह दिन में सिंचाई की जाए तो अच्छा परिणाम आता है।

3. आँवले का बाग लगाने के लिए गुणवत्तायुक्त प्रजाति का चयन ही करना चाहिए ताकि उपरोक्त वर्णित परिणाम प्राप्त किए जा सकें। इस सम्बन्ध में रुट स्टाक एवं क्वालिटी वाले मातृ पौधों से तैयार पौधों को ही प्रामाणिक नर्सरी से खरीदें।

4. आँवले की पत्तियों को बकरियों को छोड़कर कोई अन्य जानवर नहीं खाता।

5. बाग की फेंसिंग–आँवले की बागवानी जिस खेत में करनी हो उसकी मेड़ों के चारों ओर तीन से साढ़े तीन फीट की दूरी पर करौंदा (अमेरिका प्रजाति) की पौध झाड़ी के रूप में लगानी चाहिए। करौंदा तीसरे वर्ष से फल देना शुरू कर देता है तीसरे वर्ष में यह प्रति पेड़ करीब दो किलो फल देता है तथा सात-आठ वर्ष का हो जाने पर प्रति पेड़ लगभग तीस से चालीस किलो फल देता है। बाजार में इस प्रजाति के करौंदे का भाव सात से आठ रुपए प्रति किलो होता है। अतः आँवले के अलावा झाड़ी के रूप में मेड़ों पर करौंदे का पेड़ लगाने से सातवें-आठवें वर्ष में लगभग चालीस हजार रुपए प्रति हेक्टेयर का अतिरिक्त लाभ प्राप्त होगा। चूँकि यह पेड़ झाड़ी रूप में होता है अतः इसकी अधिक वृद्धि को रोककर आवश्यकतानुसार कटाई-छँटाई भी की जा सकती है। करौंदे का उपयोग चटनी, अचार, मुरब्बे, स्क्वैश आदि में किया जाता है।

6. जब तक छठे-सातवें वर्ष में आँवले का पौधा पूर्ण वृद्धि प्राप्त न कर ले तब तक इसके खेत में गेहूँ, चना, मटर आदि की खेती भी की जा सकती है। इसके अतिरिक्त इसके बागों में विभिन्न जड़ी-बूटियों जैसे सफेद मूसली, ग्वारपाठा, धतूरा, सेहुड़, जिमीकन्द आदि की खेती करके जमीन के धरातल से अतिरिक्त लाभ भी लिया जा सकता है।

7. आँवले के फल में आकर्षण लाने हेतु सितम्बर से नवम्बर माह के बीच (एक पेड़ में फल लगे हों तो) 0.2 प्रतिशत यूरिया एवं एग्रोमीन हार्मोन का घोल स्प्रे के रूप में पेड़ पर पन्द्रह-पन्द्रह दिन के अन्तर पर दो-तीन बार करें। इससे फल चमकदार तथा बड़े साइज के मिलेंगे एवं उनका बाजार मूल्य भी अच्छा मिलेगा।

8. सातवें-आठवें वर्ष में आँवले का वृक्ष जो डेनस पद्धति से लगाया गया है (30×30 फीट की प्रमाणिक दूरी के अनुसार) दूरी को ध्यान में रखते हुए 15×15 फीट की दूरी के अनुसार लगे बीच के एक वृक्ष को काटकर निकाल देना चाहिए (क्योंकि दसवें वर्ष से आँवला पूर्ण विकास कर घेरा बना लेता है)। डेंस पद्धति के अनुसार आधुनिक समय में वृक्षारोपण का सुझाव इस कारण से दिया जाता है कि यदि परम्परागत दूरी को अपनाया जाएगा तो दस वर्ष तक जमीन काफी खाली पड़ी रहती है। इस कमी को दूर कर डेंस पद्धति वृक्षारोपण अपनाकर अतिरिक्त लाभ प्राप्त किया जा सकता है।

9. आँवले के पेड़ के लिए पौधे का एक वर्ष पूर्ण हो जाने पर प्रति वर्ष फरवरी माह

में गुड़ाई ,के पश्चात् जब खेत में नमी हो तो प्रति पेड़ दस किलो गोबर की सड़ी खाद, सौ ग्राम यूरिया, पचास ग्राम फास्फेट व पचहत्तर ग्राम पोटाश (एन.पी.के.) के रूप में दिया जाना चाहिए व पौधे की उम्र बढ़ने के साथ-साथ दस वर्ष तक यह मात्रा इसी अनुपात में दी जानी चाहिए। दसवें वर्ष में जो मात्रा दी जाएगी वह पौधे की लगभग साठ साल की उम्र तक स्थायी रूप से देय होगी, अर्थात् दस वर्ष से साठ वर्ष तक खाद देने का अनुपात प्रति पेड़ सौ किलोग्राम सड़ी हुई गोबर की खाद, एक किलो यूरिया, पाँच सौ ग्राम फास्फेट व साढ़े सात सौ ग्राम पोटाश (एन.पी.के.) की दर से देय होगा।

केवांच

केवांच एक एकवर्षीय रोमयुक्त लता होती है जिसे संस्कृत में मर्कटी तथा कपिकच्छुका भी कहा गया है। इनमें मर्कटी से अभिप्राय है 'वानर के समान रोमश' तथा कपिकच्छुका से अभिप्राय है कि 'इसके रोमों का स्पर्श यदि वानर कर ले तो वह और अधिक खुजलाने लगता है।' शायद ही कोई ऐसा शैतान बच्चा हो (विशेष रूप से ग्रामीण क्षेत्र में) जिसने अपने साथियों को परेशान करने के उद्देश्य से कौंच अथवा केवांच का उपयोग न किया हो।

प्राप्ति स्थान

कौंच अथवा केवांच हिमालय की निचली उष्ण घाटियों से लेकर समस्त भारत के उष्ण प्रदेशों में उपस्थित मैदानी क्षेत्रों में पाई जाती है। यह प्राकृतिक रूप से अपने-आप भी उगती है तथा इसकी विभिन्न किस्मों की खेती भी की जाती है।

परिचय

स्वभाव (Habit) : यह एक वर्षीय, चक्रारोही, शाकीय, रोमयुक्त लता है। यह वर्षा ऋतु में उत्पन्न होती है तथा इसमें शरद ऋतु में पुष्प तथा हेमन्त ऋतु में फल लगते हैं।

फल (Furit) : केवांच में फल, शिम्ब या फली के रूप में लगते हैं। फली 3-5 के गुच्छों में पाई जाती है तथा उल्टे 'S' आकार में मुड़ी रहती है। यह 2 से 4 इंच लम्बी तथा 1/2 इंच चौड़ी होती है। इसके दोनों सिरे विपरीत दिशाओं में मुड़े रहते हैं। यह खाकी चमकीले रंग की तथा धारीदार होती है जिस पर अत्यधिक सघन चमकीले भूरे रोम होते हैं। ये रोम विषैले होते हैं। वन जाति की कौंच के रोम सघन, कड़े व अत्यधिक विषैले होते हैं जबकि वह प्रजाति जिसकी खेती की जाती है, के रोम कम विषैले होते हैं। ये खुजली भी कम उत्पन्न करते हैं। कौंच की एक ऐसी प्रजाति भी पाई जाती है जिसके फलों पर रोम नहीं होते।

बीज (Seed) : केवांच की प्रत्येक फली में 5-6 चमकीले बीज होते हैं जो काले, सफेद या चितकबरे हो सकते हैं। ये बीज अंडाकार व चपटे होते हैं तथा बीज की मज्जा श्वेतवर्ण होती है।

केवांच के प्रमुख औषधीय उपयोग

कौंच के मूल, बीज, पत्ती व रोम का औषधीय महत्त्व होता है। मुख्यतया इनके औषधीय उपयोग निम्नानुसार हैं–

पत्ती–कौंच की कोमल पत्तियों का प्रयोग सब्जी के रूप में किया जाता है। यह

अल्सर के रोगी के लिए फायदेमन्द होती हैं। पत्तियाँ पशुओं के लिए चारे में भी काम में ली जाती हैं। कोमल पत्तियों का अचार वात रोग में भी लाभदायक है। पत्तियों को कालीमिर्च के साथ लेने से ये कृमिनाशक होती हैं। इसके अतिरिक्त पत्ती का रस सिरदर्द तथा खून को भी साफ करता है।

मूल

- कौंच की जड़ रक्तवर्ण, शक्तिदाय व मूत्रल (diuretic) होती है।
- जड़ के क्वाथ को शहद के साथ मिलकर देने से यह हैजे में हितकर होती है।
- जड़ ज्ञान तन्तुओं को शक्ति देती है अतः सन्निपात की बेहोशी में यह अतीव लाभप्रद है।
- कौंच के मूल का क्वाथ किडनी को साफ करनेवाला तथा अधिक पेशाब लानेवाला होता है।
- मूल को पानी में पीसकर उदर पर लेप करने से यह जलोधर में हितकारी होता है।
- इसके मूल के क्वाथ में शहद मिलाकर सेवन करने से वह विसूचिका (हैजा) में लाभकारी होता है।
- फल मज्जा चूर्ण का दूध के साथ सेवन वन्ध्यत्व दूर करता है।
- मूल का क्वाथ ज्वर में हितकर होता है।
- मूल, रासना, बला तथा एरंडमूल कषाय के साथ यशभस्म का सेवन पक्षाघात को ठीक करता है।

रोम : कौंच की फली पर लगे कड़े रोम अत्यन्त विषैले होते हैं तथा इनके स्पर्श मात्र से ही खुजली उत्पन्न हो जाती है। दूध, दही या गोबर मलने से यह खुजली दूर की जा सकती है। रोम में एक एंजाइम-Mucanain तथा एक रसायन 5-hydrox-ytryptamine पाया जाता है।

- रोमों को घी के साथ मिलाकर त्वचा पर लगाने से शून्यवात दूर होता है।

- रोम को गुड़ तथा शहद के साथ लेने से पेट के कीड़े मर जाते हैं।
- रोम सहित फली की छाल तथा श्वेत खादिर को जल में पीसकर थोड़ा-थोड़ा पिलाते रहने से संखिया से उत्पन्न विष लक्षण शान्त हो जाते हैं।
- रोम से लीवर तथा पित्ताशय की बीमारियों को दूर करने की औषधियाँ निर्मित की जाती हैं।
- रोम में उपस्थित एंजाइम तथा रसायन के कारण ही खुजली व त्वचा पर दर्द होता है। इसका प्रभाव 3-5 मिनट तक रहता है।

बीज व फली का औषधीय महत्त्व

- कौंच की कोमल फलियों का अचार तथा सब्जी बनती है जो शक्तिदायक है तथा वातरोगों में लाभप्रद होती है।
- कोमल फलियाँ पशुओं के चारे में भी प्रयुक्त की जाती हैं।
- कौंच बीज तथा गेहूँ समान मात्रा में लेकर उसे दरदरा पीसकर तथा इसका दलिया बनाकर दूध में उसकी खीर बनाएँ। इसे मिश्री, घी तथा शहद के साथ लेने से बल वीर्य की वृद्धि होती है तथा शरीर ओजस्वी बनता है।
- कौंच बीज, विदारीकन्द, असगन्ध, लोध्र तथा गोखरू से प्राप्त तेल क्षय रोग में लाभकारी होता है।
- इसके बीज अत्यन्त कामोद्दीपक होते हैं।
- बीजों के रस को शहद तथा अदरक रस में मिलाकर सेवन करने से श्वासरोग शान्त होता है।
- बीज चूर्ण का सेवन मधु के साथ करने से श्वेतप्रदर में लाभ होता है।
- बीज चूर्ण का सेवन जल के साथ करने से मूत्रकृच्छ में लाभ होता है।
- बीजों को जल में पीसकर 7 दिन तक उपयोग करने से उपदंश में लाभ होता है।
- बीज चूर्ण का दूध के साथ सेवन शुक्रमेह को दूर करता है।
- कौंच बीज, शालपर्णी व शतावरी के साथ सेवन करने से शारीरिक दुर्बलता

दूर होती है।

- कौंच बीज, तोरई, ताल मखाने, वंशलोचन तथा मिश्री का चूर्ण गाय के दूध के साथ लेने से वीर्य सम्बन्धी सभी रोग दूर होते हैं।
- कौंच बीज, रुमीमस्तङ्गी, सफेद मूसली, मोचरस, खस-खस दाना तथा शतावर के समान मात्रा के चूर्ण को गरम दूध के साथ लेने से प्रदर, प्रमेह तथा धातु क्षीणता दूर हो जाती है।
- कौंच बीज, शतावरी, मुलहटी, आमलक, विदारीकन्द, गोखरू, सफेद मूसली, सालमपंजा तथा जायफल का मिस्री के साथ मिश्रण कर दूध के साथ सेवन करने से वीर्य वृद्धि तथा कामशक्ति प्रबल होती है।

भारत के जंगलों में कौंच प्राकृतिक रूप से पैदा होता है। इसकी एकवर्षीय चक्रारोही लताएँ झाड़ियों पर चढ़ जाती हैं। जंगलों के अत्यधिक दोहन के कारण कौंच की नियमित आपूर्ति हेतु इसकी कृषि करना अत्यन्त आवश्यक हो गया है। कौंच की लता को चढ़ने के लिए सहारा वृक्षों की आवश्यकता होती है। सहारा वृक्षों का चयन करते समय इस बात का ध्यान रखा जाना चाहिए कि वृक्ष शीघ्र बढ़तवाला हो। जैसे सहजन और अगस्त के पौधे।

ये दोनों तीव्र बढ़नेवाली प्रजातियाँ हैं। प्रथम वर्ष इन सहारा पौधों की नर्सरी तैयार कर या नालियाँ बनाकर सीधा वृक्षारोपण भी किया जा सकता है। वृक्षारोपण करते समय इन पौधों को अधिक नजदीक लगाया जाता है। अर्थात् पौधे से पौधे की दूरी 1 मीटर तथा कतार-से-कतार की दूरी 2 मीटर होनी चाहिए। एक वर्ष तक इन्हे पाल-पोसकर बड़ा करें। दूसरे वर्ष जून-जुलाई में प्रत्येक पौधे के पास एक या दो कौंच के बीज बो देने चाहिए। यदि पानी बरस रहा हो तो सिंचाई की आवश्यकता नहीं होती। पानी नहीं बरसने पर हल्की सिंचाई करते रहें। एक महीने में कौंच की लता इस सहारा पेड़ के ऊपर चढ़ जाएगी। अक्टूबर-नवम्बर में इस बेल पर फूल लगने शुरू होंगे व दिसम्बर-जनवरी में फलियाँ लगनी शुरू हो जाएँगी।

कौंच की पकी हुई फलियों को तोड़ने के लिए बाँस के डंडे के आगे लोहे का तार बाँधकर यन्त्र बनाया जाता है। इस यन्त्र से पकी हुई फलियाँ तोड़कर इकट्ठी करते रहें

और जब सारी फलियाँ इकट्ठी हो जाएँ तो डंडे से इनके बीज कूटकर अलग करके बोरों में भर लें। जनवरी के अन्तिम सप्ताह में इसकी जड़ को भी खोद करके निकाल लें। इस प्रकार कौंच के बीज व जड़ दोनों का उत्पादन मिलता है।

उत्पादन

कौंच की विधिवत खेती से प्रति एकड़ 6.5 क्विंटल बीज का उत्पादन मिलता है जिसका वर्तमान बाजार मूल्य लगभग 25⁄ रु. प्रति किलो है। इसके अतिरिक्त एक क्विंटल से 2 क्विंटल प्रति एकड़ जड़ें भी प्राप्त होती हैं जिनका वर्तमान बाजार भाव 15-20⁄- रु. प्रति किलो है।

कौंच की खेती द्वारा कौंच का बीज व जड़ें तो मिलती ही हैं साथ ही सहारा पौधों से भी अतिरिक्त आमदनी होती है। इतना ही नहीं इन पौधों के बीच में छाया व नमी पसन्द करनेवाले औषधीय पौधों की खेती भी की जा सकती है। सर्पगन्धा एवं कलिहारी की खेती इनके बीच में सफलतापूर्वक कर सकते हैं।

ग्वारपाठा अथवा धृतकुमारी

ग्वारपाठा अथवा धृतकुमारी लीलीयेसी कुल एवं गुडुच्चादि वर्ग का 1 से 2 फुट तक ऊँचा बहुवर्षीय मांसल पौधा होता है जो कि सम्पूर्ण भारतवर्ष में पाया जाता है। इसके पत्ते मांसल, मालाकार, डेढ़ फुट तक लम्बे तथा 3-4 इंच चौड़े एवं छोटे-छोटे काँटों युक्त होते हैं तथा इन्हें छिद्रित करने पर इनसे लिसलिसा-सा द्रव्य निकलता है। इसके पौधे पुराने हो जाने पर इनके मध्य भाग से पुष्पदंड निकलता है जिस पर लाल-हल्के पीले रक्ताभपीत रंग के पुष्प या फलियाँ आती हैं जिन्हें ‘‘गन्दल’’ भी कहते हैं। इसके पत्ते किनारों से थोड़े मुड़े हुए होते हैं तथा पौधों पर पुष्प आने का समय प्रायः शीतकाल (जनवरी-फरवरी) रहता है।

विभिन्न भाषाओं में ग्वारपाठा के नाम

धृतकुमारी अथवा ग्वारपाठा के नाम से जानी जानेवाली इस वनस्पति को विभिन्न भाषाओं में निम्नलिखित नामों से पहचाना जाता है–

संस्कृत – कुमारी, गृहकन्या, धृतकुमारिका, सहा।
हिन्दी – छीगुवार, घी कुँवार, ग्वारपाठा।
अंग्रेजी – इंडियन एलो (Indian Aloe)
लैटिन – एलोवेरा (Aloe vera, Aloe barbadensis)
फारसी – दरख्ते सीव्र
अरबी – सब्बारत

ग्वारपाठा की प्रमुख प्रजातियाँ

ग्वारपाठा मुख्यतया अफ्रीका, अरब तथा भारतवर्ष में पाया जाता है। इसके प्राप्ति स्थल तथा देश भेद के अनुसार इसकी कई प्रजातियाँ पहचानी गई हैं जैसे–एलो वेरा, जाफराबादी ग्वारपाठा,ए फेरॉक्स, एलो रुपेसेंस, एलो एबिसिनिका आदि। इनमें से किन्हीं प्रमुख किस्मों के विवरण निम्नानुसार हैं–

1. **एलोवेरा प्रजाति (Aloe Vera or Aloe Barbado) :**
2. **एलो इंडिका प्रजाति (Aloe Indica) :**
3. **एलो रूपेसेंस (Aloe Rupescens) :**
4. **जाफराबादी ग्वारपाठा (Aloe Litoratis) :**
5. **एलो एबिसिनिका (Aloe Abyssinica) :**
6. **एलो फीरोक्स (A. Ferox) :**

कड़वा एवं मीठा ग्वारपाठा

वैसे तो सभी प्रजातियों एवं प्रकारों के ग्वारपाठे कड़वे ही

होते हैं परन्तु इनमें से कुछ ज्यादा कड़वे होते हैं तो कुछ कम। इनमें से जो ग्वारपाठा अपेक्षाकृत कम कड़वा होता है उसे ही मीठा ग्वारपाठा मान लिया जाता है—हालाँकि दोनों प्रकारों में पौधों की ऊँचाई तथा आकृति एक समान ही होती है। वैसे मीठे ग्वारपाठे के पत्ते अपेक्षाकृत कम चौड़े, कम मोटे तथा कुछ छोटे एवं हल्के हरे रंग के होते हैं। कड़वे ग्वारपाठा का रंग अधिक हरा होता है जिसमें धूमिलता भी होती है। ज्यादा मीठा जल मिलते रहने से कम कड़वी जाति का रस भी कुछ मीठा बन जाता है जबकि ज्यादा कड़वी जाति का ग्वारपाठा अपनी कटुता नहीं छोड़ता।

ग्वारपाठे का विभिन्न रोगों के उपचार में उपयोग एवं बाजार सम्भावना :

ग्वारपाठे का 'रस' अथवा 'एलुआ' तैयार करके प्रायः ऐसी आयुर्वेदिक औषधियों, जिनका सम्बन्ध गुल्म, यकृत, प्लीहा, वृद्धि, विबन्ध, कटार्तव, कफज्वर जैसी बीमारियों से होता है, का निर्माण कर रही कम्पनियों को दिया जा सकता है। वस्तुतः ग्वारपाठे के सहयोग से न केवल प्रायः सभी प्रकार की धातु, उपधातु, रत्न और उपरत्न आदि की भस्में तैयार की जाती हैं बल्कि विभिन्न प्रकार के रस-रसायनों के निर्माण में भी ग्वारपाठे का सहयोग लिया जाता है।

(अ) ग्वारपाठे के सहयोग से विनिर्मित प्रमुख प्रचलित रस-रसायन निम्नलिखित हैं–

- चन्द्रोदय रस (रसेन्द्र चिन्तामणि)
- मकरध्वज (भेषज्य रत्नावली)
- पूर्ण चन्द्ररस (भेषज्य रत्नावली)
- मुक्ता पंचामृत (रस तरंगणी)
- उन्माद गजांकुश रस (रस तरंगणी)
- कुमार कल्याण रस (भैषज्य रत्नावली)
- चिन्तामणि चतुर्मुख रस (भैषज्य रत्नावली)
- प्रदरान्तम रस (भैषज्य रत्नावली)
- शिला सिन्दूर (आयुर्वेदिक सार संग्रह)

- स्वर्ण सिन्दूर (रसायनसार)

(ब) दुर्बल एवं दूषित गर्भाशय को शुद्ध एवं पुष्ट करने में कुमारी (ग्वारपाठे) की अपनी महत्त्वपूर्ण भूमिका होती है।

(स) इसमें दीपन एवं रेचन होने के कारण यह विबन्ध एवं विबन्ध-जन्य रोगों में उपयोगी मानी जाती है।

(द) सौन्दर्य प्रसाधनों के निर्माण में ग्वारपाठा का उपयोग :

एक प्रमुख क्षेत्र जिसमें ग्वारपाठे का उपयोग तेजी से बढ़ता जा रहा है, वह है—सौन्दर्य प्रसाधनों के निर्माण में इसका उपयोग। विशेष रूप से चेहरे की सुन्दरता को बढ़ाने के लिए इससे अनेकों उत्पाद बनाए जा सकते हैं जिससे इसकी माँग इस क्षेत्र में बढ़ती जा रही है।

उपरोक्त रोगों के अतिरिक्त ग्वारपाठे का उपयोग निम्नलिखित विकारों के लिए भी किया जाता है—

(1) कष्टार्तव, (2) चर्मरोग, (3) दाँत का हिलना व दाँत दर्द, (4) चोट लगने पर, (5)अग्निदगध (6) कफ विकार, (7) खाँसी, (8) उदरशूल, (9) बवासीर, (10) कब्ज

लटजीरा

लटजीरा, जो कि संस्कृत में अपामार्ग तथा अंग्रेजी में प्रिकली चैंफ फ्लावर के नाम से जाना जाता है तथा जिसका वैज्ञानिक नाम अकाईरेन्थस एस्पेरा (Achyranthes Aspera) है, एक झाड़ीनुमा पौधा होता है जो कि सम्पूर्ण भारतवर्ष में वीरानी क्षेत्रों, बंजर स्थानों तथा जंगलों में अत्यधिक मात्रा में पाया जाता है। बरसात के समय यह प्राकृतिक रूप से अपने आप उगनेवाला पौधा 2-3 फीट तक ऊँचाई प्राप्त कर लेता है तथा इस पर हरे-सफेद (ग्रीनिश-व्हाइट) रंग के फूल आते हैं। इसमें छोटे-छोटे बीज, जो कि इसकी टहनियों के अन्त में लगते हैं, थोड़े तीखे से होते हैं तथा प्रायः कपड़ों से चिपक जाते हैं। अपामार्ग के डंठल का रंग लाल होता है तथा सफेद अपामार्ग के डंठल तथा पत्तों का रंग

हरा (कुछ सफेदी लिए हुए) होता है। अनेकों औषधीय उपयोगों हेतु प्रयुक्त किए जाने के कारण अपामार्ग की भारतीय चिकित्सा पद्धति में महत्त्वपूर्ण भूमिका है तथा इसी कारण इसे "दिव्य बूटी" के नाम से भी जाना जाता है।

लटजीरा अपामार्ग के औषधीय गुण और उपयोग

अपामार्ग पौधे के पाँचों अंग (पंचांग) औषधीय गुणों से भरपूर होते हैं जिनको निम्नलिखित योग बनाकर औषधीय उपयोगों में लाया जा सकता है।

- इसके माशा जड़ को पानी में घोलकर पिलाने से पथरी रोग में बहुत लाभ पहुँचता है तथा यह पथरी को टुकड़े-टुकड़े करके बाहर निकाल देता है।
- इसकी ताजी जड़ को दातुन के रूप में भी प्रयोग किया जाता है।
- इसकी जड़ का पेस्ट कैंसर के उपचार में उपयोगी है तथा यह पेट की गड़बड़ी में लाभकारी पाया जाता है।
- ताजे पत्तों को पीसकर काली मिर्च, लहसुन और गुड़ के साथ मिलाकर गोलियाँ बनाकर देने से काले बुखार में लाभ होता है।
- इसका रस नासूर के ऊपर लगाने से नासूर भर जाता है।
- मोलक्का में इसकी पत्तियाँ पालक की तरह इस्तेमाल की जाती हैं।
- इस पौधे के बीजों को पीसकर उसका चूर्ण तीन माशे की मात्रा में सुबह-शाम चावल की धोवन के साथ देने पर बवासीर से पड़नेवाला खून बन्द हो जाता है।
- इसके बीज को दूध में डालकर बनाई गई खीर मस्तिष्क के रोगियों के लिए उत्तम औषधि मानी जाती है।
- अपामार्ग के फूलों के डंठल और बीजों का चूर्ण साँप व अन्य जहरीले जीवों के डंक पर लगाने के काम में आता है।

- अपामार्ग का क्षार अस्थमा (दमा) के रोगियों के लिए लाभकारी होता है।
- अपामार्ग के दाने (दो तोला) प्रतिदिन सुबह लगातार 365 दिन तक सेवन करने पर व्यक्ति दीर्घायु हो जाता है।
- इस पौधे का क्वाथ अपने मूत्रवर्धन गुणों के लिए प्रसिद्ध है और वह गुर्दों के जलशोथ में भी उपयोगी पाया गया है।

अपामार्ग की खेती की विधि

यद्यपि अभी तो अपामार्ग वैसे ही इतनी अधिक मात्रा में प्राकृतिक रूप में ही प्राप्त हो जाता है कि इसकी खेती करने की आवश्यकता नहीं है परन्तु इसकी बढ़ती जा रही औषधीय उपयोगिता को देखते हुए इसके कृषिकरण की भी आवश्यकता पड़ सकती है।

इसकी खेती के लिए किसी विशिष्ट प्रकार की मिट्‌टी की आवश्यकता नहीं होती। इसकी बिजाई 'छट्‌टा पद्धति' से की जा सकती है।

चन्द्रशूर

पुरातन काल ही से भारत की पहचान 'जड़ी-बूटियों एवं मसालों के देश' के रूप में दुनिया भर में रही है। यहाँ सैकड़ों पौध-प्रजातियाँ प्राकृतिक रूप से उगती हैं जिन्हें औषधीय दृष्टि से उपयोगी पाया गया है। इनमें से किन्हीं औषधीय पौधों की व्यावसायिक खेती भी प्रारम्भ की जा चुकी है।

औषधीय फसलों में कुछ फसलें विशिष्ट परिस्थितियों तथा प्रक्रियाओं के बाद ही उगाई जाती है, जबकि कुछ बहुत ही कम संसाधनों में, कम सिंचाई के, अपेक्षाकृत कमजोर भूमि में बिना विशिष्ट तकनीकी जानकारी से उगाई जा सकती हैं। ''चन्द्रशूर'' ऐसी फसलों में से है जिन्हें कम लागत/कम संसाधनों में सफलतापूर्वक उगाया जा सकता है।

चन्द्रशूर, जिसे वानस्पतिक शास्त्री 'लेपिडीयम सटाइवम' (Lepidium Sativum) के नाम से पुकारते हैं, सरसों कुल का सदस्य होकर, उत्तर प्रदेश, राजस्थान, गुजरात एवं महाराष्ट्र तथा मध्यप्रदेश में भी सफलतापूर्वक व्यावसायिक स्तर पर उगाया जा रहा है। इसके बीज लाल-भूरे रंग के होते हैं जो 2-3 मिमी. लम्बे, बारीक तथा बेलनाकार होते हैं। ये पानी लगने पर लसलसे (साबुदाना उगालने पर जिस प्रकार का हो जाता है) हो जाते हैं तथा पानी सोख लेते हैं। इसके बीज स्वाद में तीक्ष्ण, करकराहट अथवा कड़वाहट युक्त होते हैं, जो अकेले खाने में अच्छे नहीं लगते हैं, अतः इसका सेवन दूध के साथ अथवा खीर के रूप में किया जाता है। चन्द्रशूर के अन्य नाम हैं—असारिया, आरिया, हालित, हाली, आलिया अथवा असालिया आदि।

चन्द्रशूर 30-60 सेमी. ऊँचा पौधा होता है जिसकी उम्र 3-4 माह की होती है। इसकी खेती रबी के मौसम में अलसी की भाँति की जाती है। इसका पौधा भी अलसी से मिलता-जुलता ही होता है, परन्तु इसकी ऊँचाई एवं फैलाव अधिक होता है। चन्द्रशूर की खेती बहुत ही सरल है तथा बिना किसी विशेष प्रयास के की जा सकती है।

चन्द्रशूर के औषधीय उपयोग

चन्द्रशूर का बीज ही औषधीय उपयोग में आता है। वृद्धिकाल में बच्चों की बढ़वार यदि अवरुद्ध हो जाती है, ऊँचाई नहीं बढ़ती है, तो शारीरिक सुदृढ़ता-सुगढ़ता हेतु बच्चों को चन्द्रशूर, खीर अथवा दूध के साथ दिया जाता है। ऊँचाई बढ़ाने के लिए विशेष रूप से इसे देते हैं। इसके अलावा प्रसव के उपरान्त कई महिलाओं में दूध न उतरने की समस्या के निवारण हेतु भी चन्द्रशूर उपयोगी पाया गया है। पाचन सम्बन्धी विकार, नेत्र पीड़ा, वात, गैस, आँख आना (कंजक्टीवाइटिस), मूत्रशुद्धि, दस्त साफ करना, प्रमेह निवृत्ति तथा विभिन्न स्त्री रोगों के साथ प्रसवोत्तर क्षतिपूर्ति हेतु भी आयुर्वेदिक चिकित्सा में चन्द्रशूर को कारगर औषधि माना गया है। इसे पशु आहार के रूप में देने से दुधारू पशुओं का दुग्ध उत्पादन बढ़ जाता है।

बिजाई की विधि

चन्द्रशूर को रबी मौसम यानी अक्टूबर-नवम्बर माह में 3-4 बार जुताई कर खेत में 8-10 किलोग्राम बीज प्रति हेक्टेयर की दर से छिड़काव करके बो देते हैं। गोबर खाद यदि पूर्व फसल में दी हो तो पुनः खाद देने की आवश्यकता नहीं होती है। दो बोरी डी.ए.पी. खाद बुवाई के समय खेत में बिखेरना न भूलें। यदि एक-दो बार खेत की सिंचाई की जा सके तो यह लाभकारी रहता है। यद्यपि इसमें कोई विशिष्ट कीट बीमारी नहीं लगती फिर भी यदि फफूँद-भुरका (पाउडर) जिसे 'पाऊडरी मिल्डयू' कहते हैं, तो सल्फर डस्ट, तथा यदि कीड़ा लगे तो मोनोक्रोटोफॉस का छिड़काव करें। ऐसे क्षेत्र जहाँ अस्थायी दलदल होता है, वहाँ पर भी यदि इसे बिखेर दें, तो भूमि सूखने के साथ ही इसकी फसल तैयार हो जाती है। 90-120 दिन में जब पत्तियाँ हरी से पीली पड़ने लगें तथा फल में बीज लाल हो जाएँ तो फसल काटने के लिए तैयार हो जाती है। तदुपरान्त इसे हँसिए/हाथ से उखाड़कर खलिहान में 2-3 दिन सुखाने के बाद डंडे से पीटकर अथवा ट्रैक्टर घुमाकर गहराई करके फिर बीज साफ कर लेते हैं। एक एकड़ से 4 से 5 क्विंटल की उपज प्राप्त हो जाती है।

पपीता

पपीता हमारे देश में उपयोग में लाया जानेवाला एक ऐसा फल है जिसके कितने उपयोग हैं, यह कहना मुश्किल है। हमारे देश में पपीते को मुख्य रूप से इसके फलों को खाने के लिए उगाया जा रहा है। भारत में अधिकांश लोग यह तो मानते हैं कि पपीता एक स्वादिष्ट, स्वास्थ्यवर्धक एवं पाचक फल है, परन्तु यह नहीं जानते कि यह इतना पाचक क्यों है? पपीते के पाचक होने का सबसे महत्त्वपूर्ण कारक है—उसमें **पपेन नामक एंजाइम** का उपस्थित होना। पपीते में विटामिन "ए" प्रचुर मात्रा में (2050 आई.यू.) उपस्थित होता है। प्रति 100 ग्राम पपीते में लगभग 60 मि.ग्रा. विटामिन "सी" भी होता है। इसके अतिरिक्त इसमें 0.60% प्रोटीन, 0.1% वसा एवं कुछ मात्रा

में विटामिन ''बी'', काबोहाईड्रेट्स एवं खनिज लवण जैसे लोहा, फास्फोरस तथा कैल्शियम भी पाए जाते हैं।

भारतवर्ष में कुछ ही लोग यह जानते हैं कि कच्चे पपीते से एक दूध जैसा पदार्थ प्राप्त होता है जिसका उपयोग ''पपेन'' बनाने में किया जाता है। यह पपेन दवाइयाँ बनाने के काम में आता है। इसके अतिरिक्त पपेन का उपयोग चमड़ा उद्योग में, बियर उद्योग में, मांस को गलाने में, चॉकलेट, बिस्कुट एवं सौन्दर्य प्रसाधनों में भी होता है। इन सभी के अतिरिक्त पपीते का उपयोग टूटी-फ्रूटी, (पान व केक में डालनेवाली चेरी) जैम, जैली, टॉफी, पपीता पाउडर एवं कस्टर्ड पाउडर आदि बनाने में भी प्रमुखता से होता है। पपीते से पैक्टीन भी बनाई जा सकती है।

पपीते की खेती हेतु कृषि तकनीक

अन्य परम्परागत फसलों की तुलना में पपीते की खेती से काफी अधिक लाभ कमाया जा सकता है, बशर्ते इसकी खेती आधुनिक ढंग से तथा अच्छी तरह से ही की जाए। अच्छे बीजों का चयन, समय पर सिंचाई, समय पर खाद एवं समय पर निराई-गुड़ाई करने पर पपीते की फसल से काफी अधिक लाभ कमाया जा सकता है।

पपीते के लिए आवश्यक जलवायु

व्यावयायिक स्तर पर पपीते की खेती ठंडे प्रदेशों (जम्मू-कश्मीर, हिमाचल प्रदेश आदि) को छोड़कर सम्पूर्ण भारतवर्ष में की जा सकती है। समस्त दक्षिणी राज्यों के साथ-साथ सम्पूर्ण मध्यप्रदेश, बिहार, उड़ीसा, महाराष्ट्र, पश्चिम बंगाल एवं राजस्थान के कुछ हिस्सों में पपीते की खेती के लिए काफी उपयुक्त जलवायु पाई गई है। वैसे इन राज्यों में छोटे पैमाने पर पपीते की खेती की जाती रही है। ज्यादा पालेवाले क्षेत्रों में भी पपीते की खेती कुछ विशेष सावधानियों के साथ की जा सकती है।

पपीते के लिए आवश्यक भूमि

पपीते की खेती लगभग सभी प्रकार की मिट्टियों में की जा सकती है, बशर्ते जमीन पर पानी की निकासी काफी सुगम हो एवं जल भराव की स्थिति उत्पन्न न होती हो। पपीते की पैदावार दोमट, बलुई दोमट, पड़वा, राकड़ मिट्टी, मुरमवाली मिट्टी में काफी अच्छी होती है। इसके अलावा काली मिट्टी जहाँ जमीन ढालू हो एवं जल भराव की स्थिति उत्पन्न न होती हो, पपीते की खेती के लिए उपयुक्त होती है। अधिक अम्लीय एवं अधिक क्षरीय मिट्टी में पपीते की खेती नहीं करना चाहिए। प्रायः 6.5 पी.एच. से 7.5 पी.एच. वाली मिट्टी इसकी खेती के लिए उपयुक्त होती है। ऊसर जमीनों में पपीते की खेती नहीं की जानी चाहिए।

पपीते की प्रमुख किस्में

जैसा कि उपरोक्तानुसार वर्णित है कि पपीते का उपयोग खाने के अलावा पपेन उद्योग हेतु भी किया जाता है, इसलिए उपयोग के अनुसार पपीते की विभिन्न प्रजातियों को तीन भागों में विभाजित किया जाता है–

1. फल के रूप में खाई जानेवाली प्रमुख प्रजातियाँ : कोयम्बटूर-1, कोयम्बटूर-3, कोयम्बटूर-4, पेन-1, पी.के.-10, पी.के.-12, पूसा नन्हा, पूसा ड्वार्फ, पूसा ज्याइंट, पूसा डिलेशियम, हनीड्यू, फार्म सिलेक्शन-1, पूसा मैजिस्टी।

2. केवल पपेन के उत्पादन के लिए प्रमुख प्रजातियाँ : पेन-1, पी.के.-12, कोयम्बटूर-2, कोयम्बटूर-5, पूसा मैजिस्टी।

3. फल के रूप में खाने एवं पपेन प्राप्त करने, दोनों के लिए प्रमुख प्रजातियाँ : पेन-1, पी.के.-12, कोयम्बटूर-6, पूसा मैजिस्टी।

पपीता लगाने का उचित समय

उत्तरी एवं मध्य भारत (मध्यप्रदेश, उत्तरप्रदेश, बिहार, उड़ीसा एवं महाराष्ट्र) में पपीता

बहुत अधिक ठंड के सीजन को छोड़कर वर्ष भर रोपित किया जा सकता है। वैसे अधिकांशतः अप्रैल, मई व जून में बीज बोकर (नर्सरी बनाकर) मानसून आने पर पपीता खेत में लगाया जाता है। पपीते को लगाने का सबसे अच्छा समय अक्टूबर एवं नवम्बर का महीना होता है। इसके लिए अगस्त एवं सितम्बर माह मे बीज बोया जाता है। फरवरी व मार्च के महीने भी पपीते के रोपण के लिए अच्छे होते हैं। इनके लिए अक्टूबर में बीज बोया जाता है। पपेन प्राप्त करने के लिए मुख्यतः अप्रैल-मई में बीज बोकर मानसून आने पर पपीता रोपित किया जाता है ताकि अगले मानसून से पर्याप्त मात्रा में दूध प्राप्त होने लगे। अक्टूबर-नवम्बर में रोपित पपीते से आगामी सितम्बर माह से फल आने लगते हैं जबकि फरवरी में रोपित पपीते में अक्टूबर माह से फल आने लगते हैं। सामान्यतः सभी स्थितियों में मानसून आने के बाद ही अधिक मात्रा में फल आते हैं। प्रायः रोपण के आठवें माह से फल आने लगते हैं जो कि आगामी 8-10 माह तक आते रहते हैं। डेढ़ साल में (16 से 18 माह में) पपीते से काफी फल प्राप्त किया जा सकता है। पपीते की प्रजातियों के आधार पर (18 माह की फसल से) सामान्यतः 300 से 400 क्विंटल तक पपीता प्रति एकड़ उत्पादित होता है। कुछ प्रजातियों में यह उत्पादन 700 क्विंटल प्रति एकड़ तक पाया जाता है।

पपीते की खेती हेतु नर्सरी तैयार करना

अच्छी किस्म के पपीते की प्रजाति के बीज का चयन कर लेने के बाद रोपण करने के लगभग 2 माह पहले नर्सरी तैयार की जाती है। लगभग सभी प्रजातियों में 200 से 250 ग्राम बीज प्रति एकड़ के हिसाब से नर्सरी में बोया जाता है, जबकि उभयलिंगी पपीतों में (विशेषकर पी.के.-10 एवं ताईवानी पपीता) जिसमें नर पौधे नहीं पाए जाते हैं, 50 से 60 ग्राम बीज एक एकड़ के लिए पर्याप्त होता है।

नर्सरी तैयार करने के लिए एक भाग गोबर की खाद (लगभग 35 किलो), एक भाग पत्ती की खाद (लगभग 25 किलो), एक भाग बालू (लगभग 25 किलो) को तीन भाग मिट्‌टी में अच्छी तरह से मिलाकर जमीन से 5-6 इंच ऊँची क्यारी बना लेते हैं। यह

क्यारी 3 फीट चौड़ी एवं 10 फीट लम्बी होती है। एक क्यारी में लगभग 75 से 100 ग्राम बीज बोया जा सकता है। प्रत्येक क्यारी में 100 ग्राम बी.एच.सी. पाउडर मिला देते हैं एवं क्यारी को 50 प्रतिशत फार्मल्डीहाइड या फार्मलीन के घोल से धूमिल कर देते हैं। क्यारी को अच्छी तरह भुर-भुरा बना लेते हैं। बोने से पूर्व बीज को 12 घंटे तक पानी में भिगोकर रखते हैं। भीगे हुए बीज को पानी से निकालकर बोने से पहले बाविस्टिन के घोल (एक लीटर पानी में 5 ग्राम बाविस्टिन) से 10 मिनट तक उपचारित करते हैं।

बीजों को क्यारी में लगभग एक-दो सेंटीमीटर की गहराई पर बोया जाता है। इसके लिए क्यारियों में 10-10 सेंटीमीटर की दूरी पर एक-दो सेंटीमीटर गहरी लाइनें बना देते हैं। फिर इनमें दो-तीन सेंटीमीटर की दूरी पर बीज डाल देते हैं। गोबर की खाद एवं मिट्टी के भूरे-भूरे मिश्रण से बीजों को ढक देना चाहिए। बुवाई के तुरन्त बाद हजारे से हल्की सिंचाई कर देना चाहिए एवं क्यारियों को पुआल से ढक देना चाहिए। क्यारियों में प्रतिदिन हजारे से हल्की सिंचाई करते रहना चाहिए। आठवें-नवें दिन क्यारियों से पुआल हटा देना चाहिए। प्रायः 9वें दिन से अंकुरण प्रारम्भ हो जाता है एवं 17-18 दिन में समस्त पौधे अंकुरित हो जाते हैं। सर्दियों में अंकुरण महीने भर तक का समय ले सकता है। अंकुरण होने के तुरन्त बाद तूतिया, चूना एवं पानी का 1:1:100 (100 ग्राम तूतिया, 100 ग्राम चूना एवं 10 लीटर पानी) का घोल बनाकर मशीन से छिड़काव भी किया जा सकता है।

पौधे का पौलीथीन की थैलियों में स्थानान्तरण

पौध जब तीन-चार इंच लम्बी हो जाए (या पौधे चार पत्ते युक्त हो जाएँ) तो उन्हें सावधानी पूर्वक निकालकर पौलीथीन की थैलियों में स्थानान्तरित कर देना चाहिए। पौलीथीन की थैलियाँ 6 इंच ×4 इंच आकार की होनी चाहिए एवं उनमें 6-7 छेद होने चाहिए। पौलीथीन में आधा भाग गोबर की खाद एवं आधा भाग मिट्टी को अच्छी तरह मिलाकर भरना चाहिए। पौलाथीन में पौध स्थानान्तरित करने के बाद हजारे से सिंचाई अवश्य करनी चाहिए। पौध लगाते समय इस बात का ध्यान अवश्य रखना चाहिए कि

पौध की जड़ों को कोई नुकसान न पहुँचे। पौलीथीन में पौध को लम्बे समय तक रखा जा सकता है। पौध को पौलीथीन में स्थानान्तरित करने के लगभग एक माह बाद खेत में रोपित किया जाता है।

खेत तैयार करना

पौध का रोपण प्रायः तीन प्रकार से किया जाता है—

(1) गड्ढ़े खोदकर पौधा रोपण

(2) नाली खोदकर पौध रोपण

(3) सीधे ही खेत में पौध रोपण

(1) **गड्ढ़े खोदकर पौध रोपण :** पौध रोपण के 30 दिन पहले खेत की तैयारी प्रारम्भ कर देनी चाहिए। खेत में 5 फिट×5 फीट की दूरी पर 1.5 फीट×1.5 फीट×1. 5 फीट के आकार के गड्ढ़े खोद लेने चाहिए। गड्ढे एक लाईन में होने चाहिए। प्रत्येक गड्ढे में 10 किलो गोबर की खाद, 10 किलो पत्ती की खाद, 50 ग्राम बी.एच.सी. पाउडर एवं 100 ग्राम सुपर फास्फेट की मिट्टी के साथ अच्छी तरह मिलाकर गड्ढ़े को भर देना चाहिए। प्रत्येक गड्ढ़े को थाले बनाकर नालियों से एक-दूसरे को जोड़ देना चाहिए जिससे पानी देने में आसानी रहे। फिर प्रत्येक गड्ढ़े में नर्सरी से पौध लगाकर प्रत्येक गड्ढ़े में दो पौधे लगा देने चाहिए। गड्ढ़े में दोनों पौधों के बीच की दूरी 20 सेंटीमीटर होनी चाहिए। पौध लगाने के पहले पौलीथीन को फाड़कर अलग कर देना चाहिए एवं मिट्टी समेत पौधे को गड्ढ़े में रोपित कर देना चाहिए। यदि किसान ने उभयलिंगी पपीते का बीज लगाया हो तो प्रति गड्ढ़ा एक ही पौधा रोपित करना चाहिए। प्रायः शाम के समय पौध रोपित करनी चाहिए। यदि दिन में बादल छाए हुए हों तो दिन में भी पौध रोपण किया जा सकता है। पौध रोपण के तुरन्त बाद सिंचाई कर देनी चाहिए।

लगभग 3-4 माह बाद जब पौधों पर फूल आने लगें तो सम्पूर्ण खेत में केवल 8 प्रतिशत नर पौधे छोड़कर शेष समस्त नर पौधे काट लेने चाहिए। नर पौधों में लम्बे टहनियों के समान झूलते हुए फूल आते हैं तथा उनमें फल नहीं लगते हैं। एक गड्ढ़े में

केवल एक ही स्वस्थ पौधा होना चाहिए एवं पूरे खेत में केवल 8 प्रतिशत नर पौधे रहने चाहिए। यदि किसान ने उभयलिंगी पपीता लगाया है तो उसमें नर पौधे अपने आप ही नहीं आएँगे। अतः कोई भी पौधा काटने की आवश्यकता नहीं होती तथा उभयलिंगी पपीते की स्थिति में केवल एक पौधा प्रति गड्ढ़ा ही लगाया जाता है।

(2) नाली खोदकर पौध रोपण करना : यदि खेती बड़े पैमाने पर की जा रही हो तो 1.5 फीट चौड़ी एवं 1.5 फीट गहरी नालियाँ कतार से कतार 5-5 फीट की दूरी पर खोद लेनी चाहिए। फिर इन नालियों में एक फीट तक गोबर की खाद भर देनी चाहिए। फिर बी.एच.सी. पाउडर या फ्यूराडन मिट्‌टी में छिड़ककर नाली को मिट्‌टी से भर देना चाहिए तथा प्रत्येक लाइन में 2-2 फीट की दूरी पर नर्सरी से पौध लाकर लगा देने चाहिए। 3-4 माह के बाद 8 प्रतिशत नर पौधे छोड़कर शेष समस्त नर पौधे काट देने चाहिए। यदि उभयलिंगी पपीता लगाया गया हो तो पौधे को प्रत्येक नाली में 5-5 फीट की दूरी पर लगाना चाहिए। रोपण करते समय की अन्य विधियाँ एवं सावधानियाँ ऊपर वर्णित की जा चुकी हैं।

(3) सीधे ही खेत में पौध रोपण : इस विधि में प्रति एकड़ 12 से 15 ट्राली गोबर की खाद एवं 50 किलो बी.एच.सी. पाउडर पूरे खेत मे डालकर दो तीन बार अच्छी तरह से खेत की जुताई कर देनी चाहिए। फिर 5 फीट चौड़ी क्यारियाँ बनाकर इन क्यारियों में 2-2 फीट की दूरी पर पपीते की पौध का रोपण कर देना चाहिए। तीन-चार माह बाद 8 प्रतिशत नर पौधे छोड़कर समस्त नर पौधे काट देने चाहिए। यदि उभयलिंगी पपीता लगाया गया हो तो पौधे को 5-5 फीट की दूरी पर रोपित किया जाना चाहिए। रोपण करते समय की अन्य विधियाँ एवं सावधानियाँ ऊपर दी जा चुकी हैं।

सिंचाई

पपीते की खेती में अधिक मात्रा में सिंचाई करने की आवश्यकता नहीं पड़ती हैं। सर्दियों में प्रत्येक 10 दिन में एवं गर्मियों में 4 दिन में हल्की सिंचाई करते रहना चाहिए। सिंचाई खेत में थाले बनाकर करनी चाहिए। पानी कम मात्रा में एवं समय पर देना चाहिए।

पपीते की जड़ों एवं तने के आसपास पानी अधिक समय तक नहीं ठहरना चाहिए नहीं तो जड़ एवं तने को गलन रोग होने की सम्भावना रहती है।

निराई-गुड़ाई

पपीते के बगीचे को साफ सुथरा रखना चाहिए। बगीचे से घास एवं खरपतवार निरन्तर निकालते रहना चाहिए। वर्षाऋतु आने से पहले पपीते के तने पर एक फीट तक मिट्टी चढ़ा देनी चाहिए। यदि समय पर खरपतवार निकलती रहे तो फसल में काफी वृद्धि हो जाती है तथा रोगों एवं कीटों का प्रकोप भी काफी कम रहता है।

उर्वरक

पपीते की अच्छी फसल प्राप्त करने के लिए सही समय पर उर्वरकों की पर्याप्त मात्रा देनी चाहिए। रोपण के बाद प्रत्येक दो माह में प्रति पौधा 50 ग्राम यूरिया, 200 सुपर फास्फेट एवं 100 ग्राम म्यूरेट ऑफ पोटाश देने से पपीते की अच्छी फसल प्राप्त होती है। उर्वरक तने से 1.5 फीट की दूरी पर 2-3 इंच गहरी मिट्टी खोदकर अच्छी तरह मिलाकर देनी चाहिए। खाद देने के बाद सिंचाई अवश्य करनी चाहिए। जिन क्षेत्रों में जस्ते की कमी हो वहाँ पपीता लगाने से पहले जुताई के समय 10 किग्रा. प्रति एकड़ जिंक सल्फेट अवश्य देना चाहिए। नर पौधों में खाद देने की आवश्यकता नहीं होती।

पपीते के प्रमुख रोग एवं उनकी रोकथाम

(1) तना एवं जड़ गलन रोग
(2) लाल कीटों का प्रकोप
(3) विषाणु रोग

पपीते की खेती में रखी जानेवाली प्रमुख सावधानियाँ

1. वर्षाऋतु से पहले तने पर 1 फीट मिट्टी अवश्य चढ़ा देनी चाहिए।

2. जब पाला पड़ने की सम्भावना हो तो शाम से ही खेत में सिंचाई कर देनी चाहिए एवं समस्त खेत में धुँआ करते रहना चाहिए। नर्सरी के पौधों को सींचकर टाट आदि से ढँक देना चाहिए।

3. उर्वरक निश्चित समय पर देते रहना चाहिए एवं उर्वरक के तुरन्त बाद सिंचाई अवश्य करनी चाहिए।

4. खेत साफ-सुथरा होना चाहिए एवं इसमें खरपतवार बिलकुल नहीं होनी चाहिए।

5. रोगों का असर दिखते ही तुरन्त दवाइयाँ आदि देना शुरू कर देना चाहिए।

फलों की तुड़ाई

पौध रोपण के लगभग आठवें माह से फल पकना आरम्भ हो जाते हैं। फलों के पकने से एक माह पहले से दूध निकलना भी प्रारम्भ हो जाता है। अधपके पपीतों को कागज एवं पुआल में लपेटकर टोकरियों में भरकर मण्डी तक पहुँचाते रहना चाहिए। सामान्यतः प्रति एकड़ 300 क्विंटल फलों का उत्पादन होता है। उन्नतशील प्रजातियों में यह 700 क्विंटल तक पाया जाता है।

पपीते के साथ ली जा सकने वाली अन्तर्वर्तीय फसलें

पपीते की खेती की लाभप्रदता और अधिक बढ़ाने की दृष्टि से इसकी खेती के बीचों-बीच (intercropping के तौर पर) कई अन्य औषधीय फसलें भी ली जा सकती हैं। प्रायः ऐसी फसलें जिनकी अधिकतम बढ़त डेढ़ फीट तक होती हो, इसके साथ सफलतापूर्वक उगाई जा सकती हैं तथा इससे अन्ततः फसल की लाभप्रदता और भी ज्यादा बढ़ सकती है। पपीते की खेती के बीचों-बीच जिन फसलों का उगाना ज्यादा

लाभकारी तथा सफल रहा हैं, उनमें प्रमुख हैं--

● सफेद मुसली ● अकरकरहा ● हल्दी ● लेमनग्रास ● गेंदा ● जर्मन चमेली ● मेन्था आदि।

रतनजोत

जेट्रोफा अथवा रतनजोत, जिसे चन्द्रजोत, विदेशी अरंड, जंगली एरंड, बाघ मेरंड इत्यादि नामों से जाना जाता है, सामान्यतः कटिबंधीय तथा उष्ण कटिबंधीय स्थानों जैसे दक्षिणी अमेरिका, मैक्सिको, भारत, बर्मा, पाकिस्तान तथा श्रीलंका इत्यादि देशों में पाया जानेवाला पादप है। इसके लिए शुष्क तथा अर्द्धशुष्क जलवायु उपयुक्त होती है। सामान्यतः यह पथरीली, रेतीली, ढलाऊ, बलुई तथा कम गहराईवाली भूमि पर पाया जाता है। यूँ तो यह पौधा जहाँ-तहाँ झाड़ियों, बगीचों, मेढ़ों, फेंसिंग आदि में अपने आप उगता हुआ देखा जा सकता है परन्तु इसके विभिन्न औषधीय उपयोगों ने इसे अत्यधिक महत्त्व का पौधा बना दिया है। फलस्वरूप राजस्थान के विभिन्न क्षेत्रों में इसकी विधिवत खेती प्रारम्भ हो चुकी है, जो कि अत्यधिक सिद्ध हो रही है। इसका वानस्पतिक नाम जैट्रोफा कर्कस (Jatrola Curcas) है।

परिचय

जेट्रोफा का पौधा बहुवर्षीय, हमेशा हरा-भरा रहने वाला, चिकना तथा मुलायम काष्ठवाला झाड़ीनुमा पौधा होता है। यह शीघ्र वृद्धि करनेवाला क्षुप होता है जिसमें पौधे की ऊँचाई 3 से 4 मीटर तक होती है।

इसका तना चिकना तथा मुलायम काष्ठीय होता है। यह शाखित होता है तथा इस पर नोड (node) व इंटरनोड (internode) नहीं होते हैं। इसके तने में तथा पत्तों को तोड़ने पर सफेद रंग का दूध (latex) निकलता है बच्चे जिसके बुलबुले (गुब्बारे) बनाकर खेलते हैं।

जेट्रोफा की पत्तियाँ हृदयाकार होती हैं तथा इनमें तीन से पाँच तक लूप उपस्थित होते हैं। इसकी पत्तियाँ तने पर एकान्तर क्रम में विन्यासित होती हैं तथा ये 10 से 15 सेमी. लम्बी, पीत-हरे वर्ण की तथा चिकनी होती हैं।

जेट्रोफा में मूसला मूल तन्त्र पाया जाता है जो पौधे को दृढ़ता प्रदान करके आवश्यक पदार्थों को भूमि से पौधे के अन्य भागों तक जायलम तथा फ्लोयम द्वारा पहुँचाता है।

इसकी शाखाओं के अन्तिम सिरे पर पुष्प लगते हैं। पुष्प सफेद-हरे रंग के होते हैं तथा केन्द्रीय पुष्प पहले खिलते हैं। पौधे पर पुष्प सितम्बर से नवम्बर माह तक में आते हैं।

जैट्रोफा का फल एक कैप्सूल की तरह गोल होता है तथा 2.5 से 4.0 सेमी. व्यास का होता है। यह फल हरे वर्ण का होता है तथा पकने पर काला हो जाता है। फल पौधे पर गुच्छे के रूप में लगते हैं तथा प्रत्येक फल में 3-4 बीज होते हैं।

जेट्रोफा के उपयोग

औषधीय उपयोगों के साथ-साथ जेट्रोफा अनेकों अन्य उपयोगों में भी प्रयुक्त होता है जिनमें से इसके कुछ प्रमुख उपयोग निम्नानुसार हैं—

सजावट में : जेट्रोफा का पौधा शीघ्र वृद्धि वाला तथा झाड़ीनुमा होता है अतः लोग इसे सजावट के लिए अपने बगीचे में तथा खेत के चारों ओर या वेस्टलैण्ड को हरा-भरा करने के लिए लगाते हैं।

चारदीवारी के रूप में : बहुधा जैट्रोफा को खेत के चारों ओर लगाया जाता है। इसे नजदीक-नजदीक लगाने से यह एक चारदीवारी का काम करता है। इसके बीच में किसान फसल बो कर जानवरों से तथा तेज हवाओं से फसल की रक्षा कर सकते हैं।

औषधियों में : जेट्रोफा में 'जेट्रोफिन' नामक तत्त्व पाया जाता है जिसमें कैंसर प्रतिरोधी क्षमता होती है। अतः इसका उपयोग कैंसर सम्बन्धी औषधियों में किया जाता है। इसका तेल दस्तावर होता है। इसके तेल का उपयोग त्वचीय रोगों (जैसे दाद, खाज, खुजली), गठिया, लकवा आदि में भी किया जाता है। इसके दूध से असाध्य जख्म भर

जाते हैं तथा सर्पदंश दूर होता है। इसे दन्त रोगों में तथा मसूड़ों पर लगाने से मसूड़ों की सूजन दूर होती है।

जावा में इसके जूस का उपयोग गठिया तथा पेट सम्बन्धी रोगों में किया जाता है। इसकी पत्ती के जूस का उपयोग बवासीर में करते हैं।

रंगाई में : इससे डाई का निर्माण किया जाता है जिसका उपयोग कपड़ा रँगने, मछली पकड़ने का जाल रँगने आदि में किया जाता है। इससे एक बहुत उच्च किस्म का वार्निश भी तैयार किया जाता है।

भूमि सुधार में : जेट्रोफा के बीज से तेल निकालने के पश्चात् बची हुई खली से बायोगैस संयन्त्र सफलतापूर्वक चलाया जा सकता है एवं बायोगैस संयन्त्र से निष्कासित खली को प्राकृतिक खाद के रूप में इस्तेमाल किया जा सकता है। इस खली में नाइट्रोजन, फास्फोरस व पोटेशियम अत्यधिक मात्रा में होते हैं।

वर्ष में एक बार यह पौधा अपने सारे पत्ते गिरा देता है जो एक बहुत अच्छी उर्वरक का कार्य करते हैं।

डीजल के रूप में : विभिन्न परीक्षणों से यह ज्ञात हो चुका है कि जेट्रोफा के तेल का उपयोग सीधी डीजल की जगह भी किया जा सकता है। लेकिन डीजल का भाव कम होने के कारण अभी इसका उपयोग इस कार्य हेतु नहीं किया जा रहा है।

जेट्रोफा का कृषिकरण

यद्यपि अभी तक जेट्रोफा प्राकृतिक रूप से ही उग रहा था परन्तु जेट्रोफा जैसे औषधीय एवं औद्योगिक महत्त्व के पौधे का विधिवत रूप से वृक्षारोपण करना भी आर्थिक रूप से अतिलाभदायक सिद्ध हो रहा है। भारत वर्ष के कई प्रान्तों जैसे राजस्थान, मध्यप्रदेश, गुजरात, महाराष्ट्र, कर्नाटक आदि में वन क्षेत्रों में इसका वृक्षारोपण कई वर्ष पूर्व किया गया था। लेकिन व्यावसायिक रूप से इसका वृक्षारोपण अभी तक नहीं किया गया है। इसकी बढ़ती हुई माँग को देखते हुए इसका वृक्षारोपण अतिआवश्यक हो गया है।

वृक्षारोपण की विधि : जेट्रोफा के पौधों का रोपण दो प्रकार से किया जाता है—

1. बीज से नर्सरी तैयार करके पौधों को भूमि में लगाना।

2. पौधे से कलम काटकर उसे सीधा भूमि में लगाना।

उपरोक्त दोनों विधियों से तैयार पौधों का जुलाई से सितम्बर तक अर्थात् बरसात के मौसम में रोपण करते हैं। इस अवस्था में इसे पानी की आवश्यकता होती है अतः इसके लिए जमीन को समतल करवाकर तैयार कराते हैं। यदि जमीन ज्यादा उबड़-खाबड़ हो तो उसमें ड्रिप द्वारा सिंचाई की जा सकती है।

खेत में इसका रोपण करते समय पौधे से पौधे तथा कतार से कतार के बीच की दूरी 2 मी.×2 मी. रखनी चाहिए। रोपण के लिए गड्ढ़ा 2'×2'× 2' का होना चाहिए। तदुपरान्त तैयार पौधों या कलमों को जमीन में लगा देते हैं तथा गड्ढ़े में मिट्टी भरकर उसे अच्छी तरह से दबा देते हैं। इसके उपरान्त प्रत्येक 15-20 दिन में पौधे में अच्छी सिंचाई करते हैं। इसकी खेती के लिए प्रति हेक्टेयर 2500 पौधे लगते हैं जिसके लिए 2 किग्रा. बीज की आवश्यकता होती है।

दूसरे वर्ष के बाद पौधों में फूल आना प्रारम्भ हो जाते हैं। फूल से फल बनते समय पौधे को अच्छी सिंचाई देनी चाहिए ताकि सभी फूल, फल बन सकें। फल गुच्छे के रूप में लगते हैं। फल को पकने पर व काला पड़ने पर तुड़वा लिया जाता है तथा उसके ऊपर का छिल्का हटाकर उसमें से बीज निकाल लिए जाते हैं। बीज काले रंग के होते हैं। प्रत्येक फल में से 3-4 बीज निकलते हैं। बीजों को बोरों में भरकर बिक्री के लिए भेज दिया जाता है।

जेट्रोफा की खेती के मुख्य लाभ

1. इस पौधे को कोई जानवर अर्थात् गाय, भैंस, भेड़, बकरी, ऊँट, नीलगाय व हिरण आदि न तो खाते हैं और न ही क्षति पहुँचाते हैं। अतः इसकी सुरक्षा के लिए तारबन्दी व बाड़ की कोई आवश्यकता नहीं होती है।
2. यह एक बहुवर्षीय फसल है एवं 40-50 वर्ष तक लगातार उत्पादन देती रहती है।
3. इसके लिए रासायनिक खाद या कीटनाशकों की आवश्यकता नहीं होती है।

4. लाइन से लाइन की दूरी 2 मी. होने कारण इसके बीच में अन्य छायादार औषधीय पौधों की खेती की जा सकती है।
5. यह फसल अत्यन्त सूखारोधी व जलभराव को सहन कर सकती है।
6. जिस खेत में यह फसल खड़ी होती है यह अत्यन्त हरा-भरा दिखता है तथा इसके बीच में फूलवाले पौधे लगाकर मधुमक्खी पालन किया जा सकता है जिससे प्रति हेक्टेयर प्रति वर्ष लगभग 20-25 हजार रुपए की अतिरिक्त आय सम्भव है।
7. इस फसल का मुख्य उत्पादन बीज है जिनमें 40 प्रतिशत अखाद्य तेल पाया जाता है। इसके बीजों का भंडारण कई वर्षों तक बिना क्षति के किया जा सकता है।
8. विभिन्न वैज्ञानिक परीक्षणों से यह पाया गया है कि जेट्रोफा का तेल सीधा डीजल के रूप में ईंधन की जगह सफलता पूर्वक काम में लिया जा सकता है। हालाँकि डीजल का भाव कम होने के कारण अभी इसका उपयोग नहीं किया जाता परन्तु आपातकाल में इसे उपयोग में ले सकते हैं।
9. अभी तक 'जेट्रोफा' का तेल अखाद्य तेल के रूप में काम में लिया जाता था। इसके तेल को खाद्य तेल के रूप में परिवर्तित करने के लिए वन अनुसंधान संस्थान (देहरादून) में शोध कार्य जारी हैं।
10. जेट्रोफा की खली में बायोगैस संयत्र सफलतापूर्वक चलाया जा सकता है। बायोगैस संयत्र से निष्कासित खली को प्राकृतिक खाद के रूप में इस्तेमाल किया जा सकता है, क्योंकि इस खली में नाइट्रोजन, फास्फोरस तथा पोटेशियम अत्यधिक मात्रा में होते हैं।

शरपुंखा

शरपुंखा अथवा सरफों को अनेकों नामों से जाना जाता है। जिनमें प्रमुख हैं—सितपुंखा, शरविद्या, कँडापुंखा, ईशुपुंखा, श्याकपुंखा, नीलवृक्षाकृति, ल्पीहरी, ल्पीहशुत्र आदि। अन्य

भाषाओं में यह निम्नलिखित नामों से जना जाता है–

हिन्दी	–	शरपंखा, सरफौंका, सरपोंखा
गुजराती	–	शरपुंखो, जिहिला, गोडकन
अंग्रेजी	–	पर्पल ट्रेफ्रोशिया
लेटन	–	टेफ्रोशिया (Tephrosia purpurea)
कुल (Family)	–	शिम्बी कुल (Leguminoseae)

प्राप्ति स्थल

शरपुंखा हमारे देश में 6,000 फुट की ऊँचाई तक सभी स्थानों पर प्राकृतिक रूप से पाया जाता है। इसके अतिरिक्त भारत के सभी मैदानी इलाकों में भी यह पाया जाता है। यद्यपि यह सभी प्रकार की मिट्टिय जैसे–दुमट, बलुई, चट्टानी आदि मिट्टी में सरलता से उगता है लेकिन इसके लिए सर्वाधिक उपयुक्त बलुई मिट्टी होती है। यह पौधा सर्वत्र सुलभ होता है अतः इससे बनाई जानेवाली ताजी औषधि का संग्रह सरलतापूर्वक किया जाता है। दक्षिण भारत में नारियल व केले के साथ इसकी कृषि की जाती हैं जबकि अन्य देशों में रबर व तम्बाकू के साथ इसकी सफलतापूर्वक कृषि की जा रही है।

शरपुंखा का सामान्य परिचय

स्वभाव–शरपुंखा 1 से 3 फुट ऊँचा, सीधा व बहुवर्षीय पौधा होता है। यह अत्यधिक शाखित होता है।

तना–शरपुंखा का तना हरा, अत्यधिक शाखित, बेलनाकार तथा चिकना होता है। कभी-कभी इसमें मृदु रोम भी हो सकते हैं। अक्ष पर यह कोणीय भी हो सकता है। इसमें नोड (nodes) व इन्टरनोड (Internodes) स्पष्ट होते हैं। यह दिखने में नील के समान लगता है अतः इसे नीलवृक्षाकृति भी कहते हैं।

जड़–इसमें सरल मूसला जड़ पाई जाती है।

पत्ती–शरपुंखा की पत्तियाँ सपत्रक होती हैं तथा इनमें 5-9 पत्रक होते हैं। पर्णवृन्त छोटा होता है तथा अनुपूर्ण उपस्थित होते हैं। प्रत्येक पत्रक 2.5 सेमी. लम्बा व 1.5 सेमी. चौड़ा होता है। पत्रक की ऊपरी सतह चिकनी होती है जबकि निचली सतह हल्की रोमिल होती हैं सूखने पर पत्रक थोड़ा कुंडलित हो जाते हैं। इसके पत्रक तोड़ने पर बाण के अग्र भाग के समान टूटते हैं अतः इसे शरपुंखा कहा जाता है। यहाँ यह नील से भिन्न होता है क्योंकि नील के पत्रक इस प्रकार नहीं टूटते।

पुष्प–शरपुंखा के पुष्प लाल या बैंगनी रंग के तथा पत्ती के विकसित रेसीम क्रम (अभिमुख स्थित मज्जरियों) में विकसित होते हैं। पुष्प 6.25 एम.एम. से 8 एम.एम. तक लम्बा होता है तथा पुष्पवृत अत्यन्त छोटा होता है।

फली–शरपुंखा की फली 3.5 से 5 सेमी. लम्बी तथा 4.0 एम.एम. चौड़ी होती है। यह चिकनी या हल्की रोमिल होती है। यह फली सीधी तथा चपटी होती है तथा इसका अग्र भाग कुंठित (blunt) है। इसमें एक छोटी चोंच के समान नोंक उपस्थित होती है। सूखने पर इसकी फली हल्की मुड़ जाती है।

बीज–शरपुंखा की प्रत्येक फली 4 से 10 तक छोटे-छोटे वृक्काकार बीज लगते हैं। बीज के आवरण के बाहर की तरफ एक वैक्सीय त्वचा पाई जाती है जिसके कारण बीज सरलता से नहीं उगता। यही कारण है कि इसे उगाने के लिए पहले इसे गर्म पानी में भिगोया जाता है। इसका बीज चिकना व हरे-स्लेटी (चितकबरा) रंग का होता है।

शरपुंखा के औषधीय उपयोग

शरपुंखा के सम्पूर्ण पादप (पंचांग) अर्थात् जड़, तना, पत्ती, पानी, फली तथा बीज का औषधीय महत्त्व होता है। इसके प्रमुख भागों के उपयोग निम्नानुसार हैं–

जड़–इसकी जड़ को कीटनाशक तथा पिस्सीसाइडल के रूप में प्रयुक्त किया जा सकता है। लेकिन यह तथ्य अभी विवादास्पद है।

शरपुंखा की जड़ बदहजमी, अतिसार (Diarrhoea), गठिया, अस्थमा तथा पेशाब से

सम्बन्धित सभी औषधियों में मुख्य भूमिका निभाती है। इसके मुख्य योग निम्नानुसार हैं–

- जड़ के पाउडर को पीने (Smoking) से अस्थमा व कफ में राहत मिलती है।
- इसकी जड़ को काली मिर्च के साथ देने पर हठी पेट दर्द ठीक हो जाता है।
- इसकी जड़ को कूटकर दूध में उबालने के पश्चात् ठंडा करके कुष्ठ रोग के घावों पर लगाने से आराम पहुँचता है।
- जड़ का रस फोड़े-फुँसी पर लगाया जाता है।
- इसकी जड़ का लेप फीलपाँव रोग (elephantiasis) में लाभकारी होता है।

पत्ती–शरपुंखा की पत्ती में नाइट्रोजन व पोटेशियम अत्यधिक मात्रा में पाए जाते हैं। ये पत्तियाँ आँत सम्बन्धी रोगों में, भूख बढ़ाने में, फेफड़े तथा छाती से सम्बन्धी रोगों में, बवासीर में तथा पीलिया में अत्यन्त उपयोगी होती हैं।

फली तथा बीज

- शरपुंखा की फली का रस जलन व दर्द में राहत पहुँचाता है।
- उल्टी को रोकने के लिए इसका सत उपयोग में लाया जाता है।
- शरपुंखा बीज से प्राप्त तेल खुजली, एग्ज़ीमा तथा अन्य त्वचीय व्याधियों में उपयोग में लाया जाता है।

शरपुंखा का कृषिकरण

शरपुंखा पूरे भारत के लिए एक सर्वविदित औषधीय पादप है। इसका उपयोग आयुर्वेदिक, ऐलोपैथिक, यूनानी एवं होम्योपैथिक चिकित्सा में प्रचुर मात्रा में होता है।

आधुनिक युग में लीवर व किडनी क्षतिग्रस्त होने की बीमारी अत्यधिक सामान्य है। लीवर की बीमारियों को दूर करने में शरपुंखा का उपयोग विभिन्न औषधियों में प्रचुर मात्रा में होने लगा है। यद्यपि लीवर के लिए कालमेध, भृंगराज, कुटकी आदि प्रमुख औषधियाँ प्रयोग में ली जाती हैं किन्तु आधुनिक चिकित्सा पद्धति में हुए अनुसंधान से

सरपुंखा के पंचांग में बनी औषधियाँ लीवर के लिए अमृततुल्य पाई गई है।

विभिन्न कम्पनियों की बढ़ती माँग के कारण शरपुंखा का कृषिकरण अत्यन्त आवश्यक हो गया है।

शरपुंखा की खेती करने के लिए अच्छी गुणवत्ता वाले पौधों से अक्टूबर-नवम्बर माह में बीज इकट्ठे किए जाने चाहिए। जून-जुलाई माह में खेत की गहरी जुताई करके इसके बीजों की बुवाई हलों द्वारा की जाती है। प्रति हेक्टेयर 10 किग्रा. बीज पर्याप्त होता है। इस फसल को अतिरिक्त सिंचाई की कोई आवश्यकता नहीं होती। यदि फसल में अनावश्यक खरपतवार हो तो निराई कर देनी चाहिए। शरपुंखा की जड़ों में नोडल्स होते हैं जो वातावरण की नाइट्रोजन का यौगिकरण करते हैं। इस प्रकार नाइट्रोजन की कमी वाली भूमि में इसकी खेती करके इसे उपजाऊ बनाया जा सकता है जिससे रासायनिक नाइट्रोजन डालने से बचा जा सकता है तथा यूरिया की बचत की जा सकती है।

मेंहदी

मेंहदी भारतवर्ष में ही नहीं अपितु पूरे विश्व में आदिकाल से उपयोग में लाई जाती है। यूँ तो यह पौधा मूल रूप से ईरान का है परन्तु अब मिस्र, अफ्रीका, अरब तथा भारत में इसकी काफी बड़े स्तर पर खेती की जा रही है। भारतवर्ष में हर धर्म के लोग इसको हाथों-पैरों पर अनादिकाल से श्रृंगार के रूप में लगाते आ रहे हैं। बालों को रँगने में भी इसका बहुतायत में उपयोग हो रहा है। मेंहदी के पुष्पों से इत्र भी प्राप्त किया जाता है जिसे ''हिना'' कहते हैं। आज ''हिना'' विश्व के अत्यधिक महँगे इत्रों में से एक है। मेंहदी के पत्तों, छाल, फल और बीजों का उपयोग विभिन्न औषधियों के निर्माण में भी किया जाता है।

आयुर्वेद के पुराने ग्रन्थों में मेंहदी को ''नखरंजनी'' एवं ''मदयन्तिका'' की संज्ञा दी गई है। अथर्ववेद में इसे मदावति के

नाम से पुकारा जाता है। औषधीय रूपों में मेंहदी कफ-पित्त नाशक, शोथहर तथा व्रणशोधक होती है। इसके पुष्प निद्राजनक, शोथहर और ज्वरघ्न होते हैं। इसके बीज स्तम्भक, अतिसार एवं प्रवाहिका में उपयोगी होते हैं। मेंहदी के पत्तों एवं फूलों से तैयार किया जानेवाला धनसत्व कुष्ट रोग में उपयोग होता है। इसके पत्रों के स्वरस कामला में उपयोगी माना जाता है। सिरदर्द, पीलिया अैर कुष्ठ रोग में भी मेंहदी का उपयोग काफी बढ़ रहा है। जली हुई चमड़ी पर शीतलता पहुँचने में भी मेंहदी उपयोगी पाई गई है।

मेंहदी के पौधे झाड़ीदार रूप में मिलते हैं। इसकी शाखाएँ नुकीली होती हैं। पर्ण-अभिमुख क्रम में, लम्बे, सनायपत्र सदृश, आधार एवं अग्र की ओर कम चौड़ी कुठिताग्र, चर्चिल एवं सरल धार वाले होते हैं। स्त्रियाँ इसकी पत्तियाँ पीसकर हाथ-पाँव में लाल रंग रँगने के काम में उपयोग करती हैं। इसके पुष्प हरिताभ श्वेत, गुच्छों में सुगन्धित शाखाग्र खिलते हैं तथा फल गोल एवं कई बीजों वाले होते हैं। मेंहदी के पौधे सम्पूर्ण भारत में पाए जाते हैं। कई जगह इनको खेतों एवं बगीचों की बाउंड्री पर भी लगाया जाता है तथा फेन्सिंग हेतु भी प्रयुक्त किया जाता है। इसके फूलों की अत्यधिक मीठी सुगन्ध मन को अत्यन्त भाती है।

मेंहदी की कृषि तकनीक

1. उपयुक्त भूमि : मेंहदी की खेती सभी प्रकार की भूमियों तथा मृदाओं–कँकरीली, पथरीली, हल्की, भारी एवं दूसरी प्रकार की कृषि के लिए अनुपयुक्त भूमियों में सम्भव है। हाँ, अत्यधिक जल भराववाली, क्षारीय एवं लवणीय भूमि इसके लिए उपयुक्त नहीं है।

2. खेत की तैयारी : मेंहदी की फसल एक बार लगाने के बाद कई साल तक (लगभग 100 साल तक) चलती है। अतः जहाँ मेंहदी लगानी हो, उस खेत को गर्मी में गहरी जुताई करके छोड़ दें, ताकि हानिकारक कीटाणु नष्ट हो जाएँ। दीमक आदि रोगों से बचाने के लिए खेत में नीम की खली का पावडर प्रति एकड़ 20-30 किलोग्राम प्रति एकड़ की दर से अवश्य डालें। मानसून की प्रथम वर्षा होने पर खेत में 2-3 जुताइयाँ और करें तथा फिर पाटा लगाकर खेत को छोड़ दें।

3. बिजाई (बुवाई) की विधि : मेंहदी की बिजाई इसके बीजों से की जाती है जिसके लिए सर्वप्रथम उसकी नर्सरी बनाना आवश्यक होता है। नर्सरी निम्नानुसार बनाई जाती है—

नर्सरी बनाना : मेंहदी का बीज राई के समान बारीक होता है अतः मार्च-अप्रैल के महीने में छायादार जगह पर (जहाँ सिंचाई के लिए जल की व्यवस्था हो), ऊपर उठे हुए बैड बनाकर मेंहदी के बीजों को छिड़क दिया जाता है। एक एकड़ में मेंहदी लगाने के लिए दो किलोग्राम बीज की नर्सरी तैयारी करनी चाहिए। बेहन स्थान (बैड) में बीज छिड़ककर हल्की सिंचाई की जाती है व 15-20 दिन तक बैड को ऊपर से सूखने नहीं दिया जाता क्योंकि यदि बैड सूख जाएगा तो अंकुरण नहीं होगा। 10-20 दिन में मेंहदी का लगभग सारा बीज उग जाता है जिसकी नियमित सिंचाई करते रहना चाहिए। नर्सरी में खरपतवार भी उगती है अतः खरपतवार निकालना भी आवश्यक है क्योंकि ख़रपतवार नहीं निकालने पर मेंहदी के पौधे नष्ट हो सकते हैं। नर्सरी काल में पौधों को स्वस्थ रखने के लिए 15-20 दिन तक नीम की पत्ती का घोल छिड़कना चाहिए। जून-जुलाई में एक बार गौ-मूत्र का छिड़काव करना भी लाभकारी होता है।

4. पौध रोपण : अगस्त माह तक नर्सरी में पौध 40-45 सेंटीमीटर तक बड़ी हो जाती है, तदनुसार इसकी रोपाई खेतों में की जाती है। रोपाई करने के पहले खेत में 45 सेंटीमीटर की दूरी पर हल द्वारा सीधी लाइनें बना दें। इस प्रकार लाइन से लाइन की दूरी 45 सेंटीमीटर रखें। रोपाई करते समय नर्सरी में पौधों को उखाड़कर टोकरी में भरकर लाएँ और इस टोकरी के ऊपर गीला बारदाना ढँककर रखें। ध्यान रहे कि उतनी ही पौध उखाड़ें जितनी पौध 2-3 घंटे में लगा सकें। पौधे लगाते समय पौधे से पौधे की दूरी 30 सेंटीमीटर रखनी चाहिए। पौधे लगाते समय खुरपी से 15 सेंटीमीटर गहरा गड्ढ़ा करके 2-3 पौधे एक साथ लगाकर अँगुलियों से अच्छी तरह से दबा दें ताकि जड़ के पास खोखला स्थान न रहे।

फसल को खेत में रोपण करते समय मिट्टी गीली होनी चाहिए। यदि रोपाई के समय हल्की-हल्की बारिश हो तो यह फसल के लिए अत्यन्त लाभदायी होती है। रोपाई के बाद अतिरिक्त सिंचाई देने की आवश्यकता नहीं होती है। कड़ी धूप के समय रोपाई

का कार्य नहीं करना चाहिए।

5. निराई-गुड़ाई : फसल रोपाई के बाद पौधों में नए पत्ते आना शुरू हो जाते हैं। रोपाई के एक माह बाद खेत में निराई करना आवश्यक होता है ताकि खरपतवार से खेत को मुक्त रखा जा सके। यदि आवश्यक हो तो अक्टूबर में कुलपा भी चलाया जा सकता है। वैसे प्रतिवर्ष खेत में 1-2 बार कुलपा चलाना आवश्यक होता है।

6. खाद व सिंचाई : मेंहदी की जड़ें काफी गहरी जाती हैं अतः इसको किसी प्रकार की खाद या सिंचाई की आवश्यकता नहीं रहती है। सिंचाई करने पर मेंहदी के पत्तों में रंजक तत्त्वों की भी कमी आती है, अतः इसकी गुणवत्ता क्षीण हो जाती है। इसलिए मेंहदी की खेती में सिंचाई नहीं करनी चाहिए। यह पूर्णतः असिंचित फसल ही लाभदायक रहती है। इसमें किसी प्रकार के खाद का उपयोग करने की भी आवश्यकता नहीं होती है।

7. कटाई : बिजाई के प्रथम वर्ष में आगामी मार्च-अप्रैल माह में इसकी प्रथम कटाई तेज धारदार हँसिए से जमीन से दो-तीन इंच ऊपर से करें। पहली कटाई में क्योंकि पौधों की ऊँचाई कम होती है, अतः विशेष उत्पादन नहीं मिल पाता है जिससे किसानों को पहले वर्ष ज्यादा आमदनी नहीं हो पाती है। फिर भी कटाई करना अत्यन्त आवश्यक है। अगले वर्षों में प्रत्येक वर्ष दो कटाइयाँ की जानी चाहिए जिनमें से प्रथम कटाई अक्टूबर-नवम्बर तथा दूसरी कटाई मार्च माह में करनी चाहिए। मेंहदी की कटाई करके छोटी-छोटी ढेरियों में इसे सुखाएँ। ढेरियाँ सुखाते समय ध्यान रहे कि वे ज्यादा दिनों तक खेत में न पड़ी रहें। इकट्ठा करते समय ढरिया में नमी नहीं रहनी चाहिए। तदुपरान्त इन छोटी ढेरियों की एक बड़ी ढेरी बनाकर 4-5 दिन तक इसे और सूखने दें लेकिन ध्यान रहे कि पत्तों का रंग न उड़ने पाए। पूर्णतः सूख जाने के बाद मेंहदी के पत्तों को झाड़ लें और डंठल अलग कर लें। पत्ते झाड़ते समय तिरपाल बिछा दें ताकि पत्तों में मिट्टी, कंकड़ न आ सकें। साफ किए हुए पत्तों को बोरों में भरकर बिक्री के लिए भेजा जा सकता है।

8. उत्पादन : मेंहदी की खेती से प्रतिवर्ष प्रति एकड़ 600 से 800 किलोग्राम पत्तों का उत्पादन होता है। वर्तमान समय में इसका मूल्य 18 से 22/- रुपए प्रति किलोग्राम है।

9. मेंहदी की खेती के सन्दर्भ में रखी जानेवाली प्रमुख सावधानियाँ : मेंहदी की खेती के सन्दर्भ में निम्नलिखित सावधानियाँ रखी जाना आवश्यक हैं—

- अच्छी गुणवत्ता एवं अधिक उत्पादन के लिए मेंहदी की "रजनी" वैरायटी अधिक उत्तम है।
- नर्सरी के समय एवं खड़ी फसल में भी खरपतवार का नियन्त्रण आवश्यक है।
- खड़ी फसल में वर्ष में दो बार कुलपा अवश्य चलाएँ।
- ज्यादा उत्पादन लेने के लिए खेत को छोटे-छोटे खंडों में विभाजित कर हल्की मेड़बन्दी अवश्य करें ताकि खेतों में नमी अधिक समय तक बरकरार रहे।
- फसल को निश्चित अवधि में अवश्य काट लेना चाहिए। नियमित कटाई न होने पर पत्तों की गुणवत्ता तो नष्ट होती ही है, साथ ही पत्ते झड़ जाते हैं और मेंहदी का तना भी अत्यधिक मोटा होने के कारण आगे फसल काटने में भी परेशानी आती है।
- मेंहदी के पत्तों को ज्यादा दिनों तक स्टॉक में नहीं रखना चाहिए। फसल आते ही बेच देना लाभदायक रहता है। भंडारित की गई मेंहदी का रंग हल्का होता जाता है।

मेंहदी पर आधारित कुटीर एवं लघु उद्योग

भारत में मेंहदी का निर्यात पाउडर के रूप में ज्यादा होता है। कई बार विदेशों से भी इनके पत्तों की माँग आती रहती है। अब जहाँ पर मेंहदी की खेती हो रही हो उसके आसपास मेंहदी पर आधारित निम्न उद्योग लग सकते हैं—

1. पिराई समग्र : मेंहदी के पत्तों को पीसने से पूर्व इसकी सफाई करके डंठल, रेत व कंकड़ को अलग-अलग किया जाता है। तदुपरान्त पत्तों को साफ करने के बाद इनको पल्वराइजर से बारीक पीसा जाता है और 25-25 किलोग्राम की पैकिंग करके बिक्रित/निर्यात किया जाता है।

2. मेंहदी कोन (Cone) उद्योग : आजकल मेंहदी लगानेवाली महिलाओं के पास

समयाभाव के कारण वे मेंहदी को तरल रूप में ही खरीदती हैं। कुछ कम्पनियाँ तरल मेंहदी के कोन भारत में व अन्तर्राष्ट्रीय बाजार में बेच रही हैं। इस प्रकार की मेंहदी को गीला करके कोन में भरकर अच्छी पैकिंग करके भी निर्यात/बिक्रित किया जा रहा है।

इस प्रकार पैकेजिंग उद्योग भी लगाया जा सकता है।

4. हिना इत्र उद्योग : पौराणिक काल से ही "हिना" का इत्र बहुत ही महँगे इत्रों में गिना जाता रहा है। समाज का उच्चतम आयवर्ग ही इसका उपयोग करने की क्षमता रखता है। इसका इत्र उष्ण तासीर का होता है तथा सर्दियों के मौसम में इसका उपयोग बहुत बढ़ जाता है। ठंडे देशों में इसका प्रचलन प्रचुर मात्रा में होता है। खाड़ी के देशों में अमीर शेख इसका भारी मात्रा में उपयोग सदियों से करते आ रहे हैं।

मेंहदी की खेती से लाभ

यूँ तो मेंहदी की खेती सामान्य क्षेत्रों में भी काफी उपयोगी है परन्तु विशेष रूप से ऐसे क्षेत्रों के लिए जो कम उपजाऊ हों तथा जहाँ कोई दूसरी व्यावसायिक फसल न ली जा सके, यह विशेष रूप से लाभकारी है। बाड़/फेन्सिंग के उद्‌देश्य से मेंहदी का वृक्षारोपण तो सर्वश्रेष्ठ है ही, इसकी खेती के प्रमुख लाभ निम्नानुसार हैं—

- परती भूमि का पूर्ण सदुपयोग
- मृदा व जल संरक्षण में लाभकारी
- वर्ष पर्यन्त खेत का हरा-भरा रहना
- रासायनिक खाद व कीटनाशकों की आवश्यकता नहीं
- बाड़/फेन्सिंग के लिए सर्वाधिक उपयुक्त
- निर्यात द्वारा विदेशी मुद्रा की प्राप्ति की सम्भावना
- ग्रामीण स्तर पर मेंहदी उद्योगों की स्थापना की सम्भावनाएँ
- पर्यावरण संरक्षण में लाभकारी
- छोटे एवं बड़े किसानों को निश्चित आमदनी
- अतिवृष्टि, अनावृष्टि आदि प्राकृतिक आपदाओं का कोई विशेष असर नहीं।

सदाबहार

सदाबहार, वानस्पतिक नाम 'केथेरेन्थस रोसियस' है, सम्पूर्ण भारतवर्ष में सम्भवतया सर्वाधिक सामान्य रूप से पाए जानेवाला फूल है। यद्यपि लगभग प्रत्येक घर तथा बगीचे में इसे फलता-फूलता देखा जा सकता है परन्तु शायद ही कुछ लोग जानते हों कि यह पौधा जितने अधिक औषधीय महत्त्व का पौधा है। इस पौधे में कुल 65 एल्केलॉइड पाए जाते हैं। इसमें इन्डोल, रोबेसिन (ऍजमेलिसिन) और सर्पेन्टाइन आदि पाए जाने के कारण इससे रक्तचाप कम करनेवाली देशी एवं एलोपैथिक औषधियाँ तैयार की जाती हैं। इसकी पत्तियों में विक्रिस्टिन और विनब्लासिटन ऍल्केलॉइड पाए जाते हैं जिनसे कैंसर जैसे असाध्य रोग को रोकने की औषधि तैयार की जाती है। इसकी जड़ों में अल्जमालीसीन व रिस्पारीन नामक अल्कलाइड निकाले जाते हैं जो कि उच्च रक्तचाप (High Blood Pressure) प्रतिरोधी हैं।

सदाबहार अथवा सदा सुहागन अथवा सदाफूली अथवा चाँदनी आदि नामों से जाना जानेवाला यह पौधा अपने औषधीय गुणों के कारण बगीचों के साथ-साथ अब व्यापारिक स्तर पर खेतों में भी उगाया जाने लगा है।

सदाबहार की कृषि तकनीक

सदाबहार की खेती बीज बोकर या नर्सरी पौध प्रत्यारोपण द्वारा की जाती है। यह सभी प्रकार की मृदाओं में उगाई जा सकती है जिसमें जल-निथार की उत्तम व्यवस्था हो। परन्तु अधिक भारी मिट्टी इसके लिए उपयुक्त नहीं है। ऐसी बरानी भूमि जहाँ 100 सेमी. या इससे अधिक वर्षा सुनिश्चित हो, इसकी काश्त के लिए उपयुक्त होती है। सिंचित अवस्था में प्रत्येक पखवाड़े के अन्तराल में इसकी सिंचाई करना लाभकारी होता

है। सीधे बीज बोकर या पौधशाला में पौधे तैयार करने हेतु 8 माह से अधिक के पुराने बीज का उपयोग नहीं किया जाता, क्योंकि तब बीज की अंकुरण क्षमता कम हो जाती है या नष्ट हो जाती है। इसका बीज महीन होता है अतः सीधी बोनी हेतु अढ़ाई किलोग्राम बीज प्रति हेक्टेयर काफी होता है जबकि नर्सरी में रोपा तैयार करने हेतु सिर्फ आधा किलोग्राम बीज ही पर्याप्त है। बोने के लगभग 8-10 दिन के बाद बीज अंकुरित होता है। पौधशाला में से बोनी के 60 दिन बाद जड़ सहित पौधे उखाड़कर तथा 8-10 सेमी. वर्षा प्राप्त हो जाने पर तैयार खेत में इसकी रोपाई की जाती है। रोपाई हेतु कतारों की दूरी 45 सेमी. तथा एक पौधे से दूसरे पौधे की दूरी 30 सेमी. रखी जाती है जिससे प्रति हेक्टेयर 74000 पौध संख्या प्राप्त हो सके। सर्वाधिक अंकुरण हेतु बीज को 12-23 घंटे साधारण पानी से तर रखा जाना चाहिए। सीधी बोनी करने हेतु बीज में 8-10 गुना बारीक बालू मिलाकर बोनी करना लाभकारी होता है।

सदाबहार की छह माह पुरानी फसल से प्रथम बार में पुरानी पत्तियों की चुँटाई की जा सकती है। इसके उपरान्त तीन माह के अन्तराल से फिर से दुबारा चुँटाई की जा सकती है। तोड़ी गई पत्तियों को छाँव में फैलाकर पक्के फर्श पर सुखाया जाता है जिससे फफूँदी का असर व सड़ान्ध पैदा न हो सके। जड़ों को छह माह बाद मय 6-10 सेमी. लम्बे तने सहित उखाड़कर सुखाया जा सकता है। वैसे जड़ों की अधिक उपज बोने या रोपने के 8 अथवा 12 माह की फसल को उखाड़े जाने पर प्राप्त होती है। इस स्तर की परिपक्वता वाली फसल की जड़ों में एल्कोलॉइड की मात्रा भी अधिक होती है। सिंचित अवस्था में पत्तियों, तना तथा जड़ों (सभी सूखे हुए) की उपज क्रमशः 36, 15 तथा 15 क्विंटल प्रति हेक्टेयर प्राप्त हो सकती है। असिंचित अवस्था में सूखी पत्तियाँ 20 क्विंटल, सूखा तना 10 क्विंटल, सूखी जड़ें लगभग साढ़े सात क्विंटल प्रति हेक्टर प्राप्त हो सकती है। तने की उपज हेतु भूमि से 7 सेमी. ऊपर के तने को काटकर सुखा लेते हैं। फसल की सम्पूर्ण अवधि में कई बार बीज बनते हैं अतः आखिर में अगली फसल हेतु ताजा बीज एकत्रित कर लेने चाहिए।

सदाबहार को कोई प्रमुख बीमारी नहीं होती है। कभी-कभी उल्टा-सूखा रोग (डाई-बेक), पत्ती-मोड़क, फ्यूजेरियम मुरझान रोग, उकटा आदि जैसे रोग असर करते हैं।

इनकी रोकथाम हेतु फसल बोने या पौध रोपण के पूर्व फफूँदीनाशक दवा से इन्हें उपचारित करना अच्छा रहता है। कीट व्याधियों का प्रभाव प्रायः फसल पर नहीं देखा गया है।

गिलोय-औषधीय उपयोग तथा कृषित प्रक्रियाएँ

गिलोय कई नामों जैसे अमृता, छिन्ना, गुड़ुची, छिन्नोद्रवा, छिन्नकहा तथा चक्रांगी आदि नामों से भी जानी जाती है।

विभिन्न भाषाओं में इसके नाम निम्नानुसार हैं—

हिन्दी	—	गिलोय, गुचि, गुर्च, गुलबेल
अंग्रेजी	—	गेलो (Galo)
राजस्थानी	—	गिलोय, गिलव
गुजराती	—	गलो
बँगला	—	गुलञ्च, गुलच
मराठी	—	गुलबेल
तमिल	—	शिंडिलकोडि
तेलगू	—	टिप्पारिगो
लेटिन	—	Tinospora Cordifolia
वानस्पतिक कुल	—	गुडुची कुल (Menispemaceae)

गिलोय सम्पूर्ण भारतवर्ष में समुद्र तल से 900 मीटर की ऊँचाई तक प्राप्त होती है;

परिचय

स्वभाव–गिलोय एक बहुवर्षीय, मांसल, चिकनी अर्थात् रोम रहित, तथा झाड़ लता (Climbing Shrub) है। पतझड़ में इसके पत्ते झड़ जाते हैं और वर्षा ऋतु में इस पर पुनः

नवीन पत्ते आ जाते हैं।

जड़–इसकी जड़ सफेद रंग की होती है। यह मुलायम व रसयुक्त होती है तथा इसमें तीव्र एरोमैटिक गन्ध होती है। इसके नोड्स पर मृदु वायवीय जड़ें भी उपस्थित हो सकती हैं।

तना–गिलोय का तना हरा, मांसल तथा इसका भीतरी भाग चक्राकार होता है। इसके तने पर भूरे या भस्म वर्ण की पतली छाल होती है। तने के पुराने हो जाने पर वह फटती जाती है। नवीन तना हरा व कोमल होता है जबकि तने के पुराने हो जाने पर यह भूरा तथा श्वेत धब्बों युक्त हो जाता है।

पत्तियाँ (Leaf)–गिलोय की पत्तियाँ एकान्तरित क्रम में विकसित होती हैं तथा ये हृदयाकार होती हैं। पत्ती की ऊपरी सतह गहरे हरे रंग की होती है जबकि निचली सतह हल्के रंग की होती है। पानी की अधिकता में पत्तियों का आकार बड़ा होता है। विकसित पर्ण की लम्बाई 3-5 इंच तथा चौड़ाई लगभग 3-4 इंच की होती है। पत्तियाँ लम्बे वर्णवृन्तों द्वारा मुख्य तने से जुड़ी होती हैं। पत्ती की मुख्य शिरा स्पष्ट व मोटी होती हैं तथा पार्श्व शिराएँ पतली होती हैं। पतझड़ में इसकी पत्तियाँ झड़ जाती हैं।

पुष्प–गिलोय के पुष्प पेनिकल रेसीम अर्थात् मंजरी में लगे रहते हैं। जब पौधा पत्ती रहित होता है तभी इसमें पुष्प लगते हैं। पुष्प पत्ती के अक्ष से निकलते हैं तथा पुष्प का रंग पीला या हरा-पीला होता है। स्त्री पुष्प प्रायः एकल तथा मंजरी में मध्य में लगे होते हैं जबकि नर पुष्प गुच्छों में लगे रहते हैं।

फल–इसके फल मटर के समान गोल या अंडाकार होते हैं। इसका कच्चा फल हरा होता है जबकि पकने पर यह लाल रंग लिए होता है। रसयुक्त मृदु फल में एक ही बीज होता है जो कि घुमावदार होता है।

गिलोय के औषधीय उपयोग

गिलोय की जड़, फल तथा पत्ती का उपयोग औषधीय रूप में किया जाता है लेकिन इसका तना सबसे ज्यादा महत्त्वपूर्ण होता है। इसके विभिन्न भागों के औषधीय उपयोग

निम्नानुसार हैं–

जड़ : इसकी जड़ वमनकारी होती है। इसकी जड़ को जल के साथ पीसकर लगाने से कुष्ठ रोग में लाभ होता है। गिलोय जड़ का क्वाथ सर्पविष को भी दूर करता है।

फल : गिलोय के सूखे फल का पाउडर, घी या शहद के साथ मिलाकर लेने से यह एक अच्छे टॉनिक का कार्य करता है। इसका फल पीलिया व गठिया में लाभकारी होताज्है।

पत्ती : गिलोय की पत्ती में सबसे ज्यादा मात्रा प्रोटीन की होती है। साथ ही इसमें कैल्शियम व फास्फोरस की भी अच्छी मात्रा पाई जाती है।

- पत्ती का रस गठिया रोग में लाभदायक होता है।
- पत्ती के रस का तक्र के साथ सेवन पीलिया में लाभकारी होती है।
- पत्ती का दूध के साथ लेप चेचक में हितकारी होता है।

तना : गिलोय के तने में विभिन्न ग्लूकोसाइड्स तथा एल्कालोइड्स उपस्थित होते हैं। गिलोय के तने को वर्षाऋतु से पहले काटकर सुखा लिया जाता है। यही काटे गए भाग गुडुची के नाम से बाजार में मिलते हैं।

- गीली गुडुची के टुकड़ों की माला पहनना पीलिया में लाभकारी होता है।
- गुडुची को सोंठ तथा पिपरामूल के साथ मिलाकर पीने से वातज्वर दूर होता है।
- गिलोय क्वाथ में पिप्पली चूर्ण मिलाकर लेने से कफज्वर समाप्त हो जाता है।
- गिलोय, कटेरी तथा सोंठ के क्वाथ में पिप्पली चूर्ण मिलाकर लेने से वातपित्त ज्वर ठीक हो जाता है।
- गिलोय, नीम की छाल, धनियाँ, चन्दन, कुटकी क्वाथ पित्त कफज्वर में लाभकारी है।
- गिलोय, सोंठ तथा वृहत्तपंचमूल क्वाथ प्रसूति ज्वर में लाभदायक है।
- गिलोय रस तथा कूष्मांड तथा बंशलोचन को शहद के साथ लेने से क्षय रोग में लाभ होता है।
- गिलोय तथा सतावरी का क्वाथ पीने से श्वेतप्रदर में लाभ होता है।
- गिलोय तथा ब्राम्ही का सेवन करने से दिल की धड़कन नियन्त्रित रहती है।
- गिलोय, ब्राम्ही तथा शंखपुष्पी चूर्ण को आँवले के साथ लेने से रक्त चाप नियन्त्रित रहता है।

- गिलोय क्वाथ से मरिचचूर्ण तथा शहद मिलाकर पीने से सिर दर्द में लाभ होता है।
- गिलोय तथा अश्वगन्धा को दूध में पकाकर लेने से बन्ध्यत्व दूर होता है।
- गिलोय सत्व को आँवले के रस के साथ लेने से नेत्र रोग में लाभ होता है।

गिलोय का कृषिकरण

गिलोय को अमृता कहा गया है। शरीर की जीवनी शक्तियों तथा इनके स्रोतों की विकृति को दूर करने के लिए आयुर्वेद में चार जड़ी-बूटियों का विशेष महत्त्व है–आँवला, गिलोय, अर्जुन तथा जीवन्ती। अतः गिलोय की खेती करना अत्यन्त लाभदायक है। वैसे तो इसकी जड़, तना, पत्ती, पुष्प और फल सबमें औषधीय गुण विद्यमान हैं लेकिन बाजार में इसका तना या तने से निकाला गया सत्व ही ज्यादा बिकता है। गिलोय की बहुवर्षीय लता दक्षिणावर्ती कुंडल द्वारा पेड़ पर चढ़ती है। नीम के पेड़ पर चढ़ी लता को नीम गिलोय कहते हैं। जिसका आयुर्वेद में विशेष महत्त्व है। इसकी लता को चढ़ाने के लिए नीम का पेड़ सर्वोत्तम माना गया है।

उत्पादन

गिलोय के तने को काटकर 3-4 इंच बड़े टुकड़े करके बेचा जाता है। प्रति हेक्टेयर इसके तने का उत्पादन लगभग 8-10 क्विंटल होता है। इस समय इसका बाजार मूल्य लगभग 15-20/- रुपए प्रति किलो है।

लेमनग्रास अथवा नींबू घास

लेमनग्रास अथवा नींबू घास, जिसका वैज्ञानिक नाम 'सिम्बोपोगॉन फ्लेक्सुओसस' (Cymbopogon Flexusosus) है, यूँ तो काफी भारतीय घरों में लगाई हुई देखी जा

सकती है परन्तु वहाँ पर अधिकांशतः इसकी पत्तियों का उपयोग चाय में डालने हेतु किया जाता है। इसे चायना ग्रास, पूर्वी भारतीय नींबू घास, मालाबार घास अथवा कोचीन घास के नाम से भी जाना जाता है। इसकी पत्तियों में एक मधुर तीक्ष्ण गन्ध होती है जिन्हें चाय में डालकर उबालकर पीने से ताज़गी तो मिलती ही है, साथ ही सर्दी आदि से राहत भी मिलती है।

नींबू घास की व्यावसायिक खेती इसके तेल की प्राप्ति हेतु की जाती है जो कि इसकी पत्तियों को आसवित करके निकाला जाता है। इसके तेल का मुख्य घटक सिट्रल (Citral) होता है। नींबू घास के तेल में 80 से 90 प्रतिशत तक सिट्रल पाया जाता है। सिट्रल नामक तत्त्व की उपस्थित के कारण ही नींबू घास के तेल में से एक नींबू जैसी तीक्ष्ण सुगन्ध आती है। सम्भवतया इसी नींबू जैसी सुगन्ध के कारण ही इस घास का नाम नींबू घास पड़ा होगा।

नींबू घास के तेल के मुख्य उपयोग : नींबू घास के तेल के अनेकों उपयोग है। इसके तेल में उपस्थित सिट्रल से अल्फा आयोनोन तथा बीटा आयोनोन तैयार किए जाते हैं। बीटा आयोनोन को आगे संश्लेषित करके ''विटामिन ए'' तैयार किया जाता है जिसका विभिन्न दवाइयों के निर्माण में काफी उपयोग होता है। एल्फा आयोनोन से गन्ध द्रव्य एवं अन्य कई गन्ध रसायन संश्लेषित किए जाते हैं। मुख्यतया इसका उपयोग उच्च कोटि के इत्रों के निर्माण, विभिन्न सौन्दर्य प्रसाधनों, सौन्दर्य सामग्रियों तथा साबुनों के निर्माण में किया जाता है। अधिकांशतः 'नींबू की खुशबू' तथा 'नींबू की ताज़गी' वाले साबुनों का मुख्य घटक सिट्रल ही होता है। इस प्रकार विभिन्न उत्पादों के निर्माण में लेमनग्रास आयल का उपयोग निरन्तर बढ़ता जा रहा है जिसके कारण इसकी न केवल देशीय बल्कि अन्तर्राष्ट्रीय स्तर पर भी माँग निरन्तर बढ़ रही है। बढ़ती हुई माँग के साथ-साथ इसके मूल्यों में भी आश्चर्यजनक रूप से वृद्धि हुई है जिसके कारण नींबू घास की खेती करना व्यावसायिक रूप से भी काफी लाभकारी हो गया है।

भूमि एवं जलवायु : नींबू घास की खेती के लिए ऊष्ण तथा समशीतोष्ण जलवायु उपयुक्त रहती है। ऐसे क्षेत्र जहाँ से जलवायु गर्म तथा आर्द्र हो, जहाँ पर्याप्त धूप पड़ती हो तथा जहाँ वर्ष भर 200 से 250 सेंटीमीटर तक सुवितरित वर्षा होती हो अथवा सिंचाई

के पर्याप्त साधन हों, वे इसकी खेती के लिए आदर्श होते हैं। यूँ तो यह लगभग सभी प्रकार की भूमियों में उपजाई जा सकती है परन्तु उपजाऊ दोमट मिट्टी में इसकी अच्छी बढ़त होती है। ऐसे क्षेत्र जहाँ जल भराव की सम्भावना हो, इसकी खेती के लिए उपयुक्त नहीं माने जाते।

फसल से लाभ के कारण :

- पहली फसल मात्र 120 दिन में
- एक बार लगा देने के बाद पाँच साल तक फसल की प्राप्ति
- खरपतवार की अपेक्षाकृत कम समस्या
- पशुओं से हानि की सम्भावना नहीं

भूमि की तैयारी : प्रायः एक बार लगा देने के बाद नींबू घास की फसल पाँच वर्ष तक ली जा सकती है। अतः फसल की बिजाई से पूर्व आवश्यक है कि खेत की अच्छी तरह से जुताई की जाए। इसके लिए मिट्टी पलटनेवाले हल से या हैरो से आड़ा-तिरछा (क्रास) जुताई करनी चाहिए। मिट्टी को दीमक आदि के प्रकोप से मुक्त रखने की दृष्टि से यह आवश्यक है कि आखिरी जुताई के समय 5 प्रतिशत बी.एच.सी. पाउडर 25 किलोग्राम प्रति हेक्टेयर की दर से खेत में मिला दिया जाए। इसके उपरान्त पाटा चलाकर खेत को समतल कर दिया जाना चाहिए।

खाद की आवश्यकता : अच्छी उपज के लिए खेत में पर्याप्त खाद डाला जाना लाभकारी होता है। इस सन्दर्भ में यदि खेत में गोबर की सड़ी हुई खाद अथवा कम्पोस्ट खाद डाली जाए तो यह सर्वाधिक उपयुक्त होगा। गोबर की यह खाद एक तो खेत तैयार करते समय खेत में मिला दी जानी चाहिए, दूसरे इसका एक-एक डोज़ फसल की प्रत्येक कटाई के उपरान्त दे दिया जाना चाहिए। फसल की कटाई के उपरान्त यह इस प्रकार दिया जाना चाहिए कि खाद पौधों की जड़ों के पास ही डालें। इस प्रकार इसके वर्ष भर में पाँच डोज़ दिए जा सकते हैं। गोबर की खाद अथवा कम्पोस्ट की मात्रा खेत तैयार करते समय 10 टन प्रति एकड़ तथा प्रत्येक कटाई के उपरान्त 5 टन प्रति एकड़ डाला जाना उपयुक्त होगा।

बिजाई का समय : यूँ तो देखा गया है कि यदि सिंचाई की पर्याप्त सुविधा उपलब्ध

हो तो नींबू घास की बिजाई वर्ष में कभी भी (ज्यादा गर्मी के समय को छोड़कर) की जा सकती है, परन्तु पैदावार की दृष्टि से देखा जाए तो इसकी बिजाई के लिए सर्वाधिक उपयुक्त समय है फरवरी-मार्च तथा जुलाई-अगस्त माह। ऐसा देखा गया है कि अन्य महीनों की अपेक्षा फरवरी-मार्च मे लगाई गई फसल से प्रथम वर्ष में 20 प्रतिशत ज्यादा पैदावार मिलती है।

बिजाई की विधि : जैसा कि उपरोक्तानुसार वर्णित है, लेमनग्राम की बिजाई हेतु इसके पुराने पौधों से ली गई स्लिप्स का उपयोग किया जाता है। यद्यपि बिजाई के लिए कोई भी माध्यम प्रयुक्त किया जा सकता है परन्तु यथासम्भव छोटी कुदाल का उपयोग किया जाना ज्यादा उपयोगी रहेगा। इस प्रकार छोटी कुदाल से 5 से 8 सेंटीमीटर गहरे गड्ढ़े करके इसकी रोपाई कर देनी चाहिए। जड़ों को ज्यादा गहरा नहीं रोपना चाहिए अन्यथा जड़ें गलकर सड़ सकती हैं तथा इससे पौधों का जमाव प्रभावित हो सकता है। स्लिप की रोपाई से पूर्व इसके साथ लगी पत्तियाँ तथा पुरानी जड़ें काट दी जानी चाहिए। गड्ढ़े में स्लिप इस तरह खड़ी करके रोपी जानी चाहिए जिससे गड्ढ़े में स्लिप सीधी खड़ी रहे तथा इसकी जड़ें मुड़े नहीं। रोपाई के उपरान्त स्लिप का निचला हिस्सा मिट्टी से पूरी तरह दबा दिया जाना चाहिए। रोपाई के बाद खेत में पानी छोड़ दिया जाना चाहिए परन्तु ध्यान रहे कि पानी पौधों के पास खड़ा न रहे अर्थात् ''वाटर लॉगिंग'' नहीं होनी चाहिए। यद्यपि पौधों के मध्य की दूरी का निर्धारण काफी कुछ तो भूमि की उपजाऊ शक्ति पर निर्भर करता है, फिर भी पौधे-से-पौधा तथा कतार-से-कतार के बीच 60×30 अथवा 60×45 अथवा 60×60 सेंटीमीटर की दूरी एक उपयुक्त दूरी मानी जाती है।

सिंचाई की आवश्यकता : यद्यपि एक बार जम जाने (जड़ पकड़ लेने) के बाद लेमनग्रास की फसल को ज्यादा पानी की आवश्यकता नहीं होती, फिर भी यह ध्यान रखा जाना चाहिए कि भूमि गीली रहनी चाहिए। अतः समय-समय पर पानी दिया जाना होगा। प्रायः गर्मियों के समय 10 दिनों के अन्तराल पर तथा सर्दियों के समय 15 दिनों के अन्तराल पर सिंचाई किया जाना फसल की उचित बढ़ोत्तरी के लिए उपयुक्त होगा।

निराई तथा गुड़ाई की आवश्यकता : ऐसा देखा गया है कि लेमनग्रास की फसल में केवल पहली बार ही ज्यादा खरपतवार होती है तथा अगली कटाइयों में खरपतवार की

मात्रा घटती जाती है। सम्भवतया इसकी वजह यह हो सकती है कि लेमनग्रास के पौधों की पत्तियाँ इतनी ज्यादा फैल जाती हैं कि वे खरपतवार को पनपने ही नहीं देतीं। अतः बिजाई के उपरान्त (पहली कटाई से पूर्व) हाथ से (manually) निराई-गुड़ाई किया जाना आवश्यक होगा। अगली कटाइयों में भी (प्रत्येक कटाई के उपरान्त) हाथ से गुड़ाई किया जाना लाभदायक होगा। आगे के लिए ज्यादा खरपतवार नहीं होते तथा यदि हों भी तो उन्हें हाथ से ही निकाला जा सकता है। खरपतवार के नियन्त्रण हेतु फसल की बिजाई से पूर्व प्रति एकड़ 0.5 किलोग्राम ड्योरान अथवा 250 ग्राम आक्सीफ्यूरोफेन को जमीन में डाला जाना भी खरपतवार के नियन्त्रण हेतु प्रभावी हो सकता है।

फसल की कटाई : प्रथम बिजाई से लगभग 100 दिनों के बाद यह फसल प्रथम कटाई के लिए तैयार हो जाती है। इस समय फसल को भूमि की सतह से 10 से 15 सेंटीमीटर ऊपर (जहाँ से पत्ते शुरू होते हैं) से काटा जाना चाहिए। कटाई के उपरान्त फसल एकदम पुनः बढ़ने लगती है तथा अगले 60 से 90 दिनों में पुनः कटाई के लिए तैयार हो जाती है। इस प्रकार प्रत्येक 60-70 दिन के अन्तराल पर लेमनग्रास की आगामी कटाइयाँ ले ली जाती हैं। इस प्रकार एक बार फसल लगा देने के उपरान्त कम-से-कम आगामी पाँच सालों तक यह क्रम चलता रहता है। लेमनग्रास की प्रतिवर्ष ली जा सकने वाली कटाइयों की संख्या यूँ तो भूमि की उर्वरता, देखरेख तथा पानी की उपलब्धता आदि पर निर्भर करती है, फिर भी समस्त परिस्थितियाँ अनुकूल होने की स्थिति में वर्ष में प्रायः 4 से 5 तक कटाइयाँ ली जा सकती हैं, यदि भूमि ज्यादा उपजाऊ न हो तथा पानी की पर्याप्त मात्रा उपलब्ध न हो तो वर्ष में अधिकतम तीन तक कटाइयाँ ली जा सकेंगी। प्रायः लेमनग्रास के पौधों का जुट्टा निरन्तर बढ़ता जाता है (इसका फैलाव होता है) जिससे आगामी कटाइयों में फसल से मिलनेवाली हर्ब में निरन्तर वृद्धि होती जाती है। इस प्रकार एक बार लगा देने पर यह फसल पाँच साल तक उत्पादन निरन्तर देती रहती है तथा इन पाँच वर्षों में इसकी प्रतिवर्ष तीन से पाँच तक कटाइयाँ ली जा सकती हैं।

पत्तियों से तेल निकालना : लेमनग्रास की पत्तियों से तेल निकालने के लिए इसकी पत्तियों (शाक) का आसवन किया जाता है। इस कार्य हेतु वाष्प आसवन अथवा जल

आसवन विधि का उपयोग किया जाता है। प्रायः फसल काटने के उपरान्त उसे कुछ समय तक मुरझाने हेतु खेत में ही अथवा किसी छायादार स्थान पर रख दिया जाता है तथा तदुपरान्त ही उसका आसवन किया जाता है। यद्यपि वर्तमान में चल रही प्रक्रियाओं में आसवन हेतु पूरी की पूरी घास आसवन टैंक में डाल दी जाती है, परन्तु यदि इसे छोटे-छोटे टुकड़ों में काटकर आसवन हेतु डाला जाए तो इससे प्राप्त होनेवाले तेल की मात्रा बढ़ सकती है। आसवन की प्रक्रिया अढाई से तीन घंटों में पूरी हो जाती है।

फसल से प्राप्त होनेवाले तेल की मात्रा : यद्यपि लेमनग्रास की फसल से उत्पादित होनेवाले तेल की मात्रा भूमि की उर्वरा शक्ति, क्षेत्र की जलवायु, खेती की देखरेख, लेमनग्रास की लगाई गई प्रजाति तथा घास काटने के समय पर ज्यादा निर्भर करती है परन्तु मध्यप्रदेश में हो रही लेमनग्रास की खेती के अनुभवों के आधार पर यह कहा जा सकता है कि प्रथम वर्ष में लेमनग्रास की फसल से वर्ष भर में चार कटाइयों में औसतन 100 किलोग्राम तेल प्राप्त किया जा सकता है, जो कि आगामी वर्षों में बढ़ता जाता है। प्रायः पत्तियों के अनुपात में 0.5 प्रतिशत से एक प्रतिशत तक तेल की मात्रा प्राप्त होती है।

लेमनग्रास की विभिन्न प्रजातियाँ/किस्में : नींबू घास की अनेकों प्रजातियाँ/किस्में विभिन्न संस्थाओं द्वारा विकसित की गई हैं, जिनमें प्रमुख हैं—प्रगति, प्रमाण, कावेरी, कृष्णा और आर.एल.एल.-16, जी.आर.एल.-1, आदि।

लेमनग्रास की खेती से प्राप्तियाँ : उपरोक्तानुसार देखा जा सकता है कि लेमनग्रास की फसल से प्रतिवर्ष प्रति एकड़ औसतन 100 किलोग्राम तेल प्राप्त किया जा सकता है, जिसका वर्तमान बिक्री मूल्य यदि 400/- रुपए प्रति किलोग्राम माना जाए (वैसे वर्तमान में इसकी बिक्री दर 450 से 475 रुपए प्रति किग्रा. है) तो इससे प्रथम वर्ष में 40,000/- रुपए की प्राप्तियाँ होंगी जो कि आगामी वर्षों में बढ़ती जाएँगी। फसल पर होनेवाले मुख्य खर्च स्लिप की लागत, खेत की तैयारी, खाद, निराई-गुड़ाई तथा फसल की कटाई से सम्बन्धित होता है जिनमें से स्लिप्स की लागत तथा खेत की तैयारी से सम्बन्धित खर्च केवल प्रथम वर्ष में ही होते हैं तथ आगामी वर्षों में केवल खाद, गुड़ाई, फसल की कटाई तथा आसवन से सम्बन्धित खर्च ही होते हैं। इस प्रकार प्रथम वर्ष में विभिन्न मदों पर लगभग 20,000/- रुपए प्रति एकड़ की लागत आती है, जो कि आगामी वर्षों में घटकर लगभग 10,000/-

रुपए रह जाती है। इस प्रकार इस फसल से प्रथम वर्ष में लगभग 20,000/- रुपए का लाभ प्राप्त होता है जबकि आगामी वर्षों में लाभ की मात्रा बढ़कर 45 से 50,000/- रुपए प्रति एकड़ तक हो जाती है। तेल के साथ-साथ इस फसल से स्लिप्स (प्लांटिंग मेटेरियल) का उत्पादन भी होगा जिससे किसान को अतिरिक्त आय हो सकती है। विशेष रूप से इस फसल से जुड़ी अनेक सुविधाओं जैसे इसे एक बार लगाकर पाँच साल तक इसकी फसल ली जा सकना, इस फसल में ज्यादा खरपतवार न होना, इसे पशुओं द्वारा कोई विशेष नुकसान नहीं पहुँचा सकना तथा इसके काफी अच्छे बाजार एवं अच्छे दाम मिलने के कारण लेमनग्रास की खेती करना काफी लाभकारी व्यवसाय हो सकता है।

तुलसी

तुलसी का पौधा औषधीय गुणों से परिपूर्ण होने के साथ-साथ सुगन्धित तेल का भी एक महत्त्वपूर्ण स्रोत है। तुलसी का वानस्पतिक नाम ओसिमम बेसिलिकम है। इसे स्वीट बेसिल, फ्रेंच बेसिल या इंडियन बेसिल आदि नामों से भी जाना जाता है। इनके अतिरिक्त तुलसी की कई अन्य प्रजातियाँ भी पाई जाती हैं जिन्हें निम्न नामों से जाना जाता है—

1. ओ. अमेरिकेनम (काली तुलसी)
2. ओ. ग्रेटिसिमम (वन तुलसी या राम तुलसी)
3. ओ. किलीमेन्चेरिकम (कपूर तुलसी)
4. ओ. सेन्कटम (घरेलू या पूजा-वाली तुलसी)
5. ओ. वाइरिडी (जंगली तुलसी)

उपरोक्त प्रजातियों में से केवल प्रथम, द्वितीय, तृतीय एवं चतुर्थ प्रजातियाँ ही उगाई जा रही हैं एवं यही कृषकों में ज्यादा लोकप्रिय हैं। तुलसी के पौधे को आकार एवं लक्षणों के आधार पर *लैबिएटी* कुल में रखा गया है। प्राचीन काल से ही तुलसी के पौधों के उपयोग के प्रमाण मिस्र, यूनान एवं रोमन अभिलेखों में मिलते हैं। तुलसी में उपस्थित

रासायनिक तत्त्वों के आधार पर तुलसी को रियुनियन, मिथाइल सिन्नेमेट, यूजीनॉल एवं यूरोपियन स्वीट बेसिल आदि प्रभागों में बाँटा गया है। प्रत्येक तुलसी में पाए जानेवाले अवयव एवं रासायनिक तत्त्व अलग-अलग प्रकृति के होते हैं इसलिए उनका उपयोग भी भिन्न-भिन्न उत्पादों के निर्माण हेतु किया जाता है। तुलसी की विभिन्न प्रजातियों से प्राप्त तेल एवं अवयव सुगन्ध बनाने, सर्दी की औषधियों के निर्माण, खाँसी एवं कफ की दवा बनाने, कन्फैक्शनरी उद्योग एवं टूथपेस्ट आदि के निर्माण में किया जाता है।

तुलसी का उत्पादन अकेले भारत में ही नहीं बल्कि विश्व के कई अन्य देशों में भी किया जा रहा है जिनमें मुख्य रूप से थाईलैंड, हैती, ग्वाटे एवं कुछ अफ्रीकी देश प्रमुख हैं। तुलसी की एक अन्य प्रजाति जिसे ओ. ग्रेटिसिमम कहते हैं का उत्पादन यूक्रेन में किया जा रहा है। इस प्रजाती में 80 से 85 प्रतिशत तक यूजीनॉल पाया जाता है जो कि परफ्यूमरी उद्योग का एक मुख्य अवयव है।

तुलसी के तेल के प्रमुख उपयोग

तुलसी का तेल विभिन्न प्रकार की औषधियाँ बनाने में प्रयुक्त किया जाता है जैसे—कफसीरप, सर्दी की औषधियाँ, खाँसी की गोलियाँ, अन्य फार्मास्यूटिकल औषधियाँ आदि। इसके अलावा तुलसी का तेल सौन्दर्य प्रसाधनों एवं आयुर्वेदिक दवाओं में भी बहुतायत से प्रयोग किया जा रहा है। तुलसी के तेल से प्राप्त अवयवों से डेन्टल क्रीम, माउथवाश एवं टूथपेस्ट आदि का भी निर्माण किया जाता है। तुलसी के तेल को खाद्य पदार्थों को सुवासित करने में भी प्रयुक्त किया जाता है।

उपयुक्त मृदा एवं जलवायु

तुलसी का पौधा विभिन्न प्रकार की मृदाओं एवं जलवायु वाली दशाओं में आसानी से उगाया जा सकता है। पहाड़ों एवं ऊबड़-खाबड़ मृदाओं में भी तुलसी का पौधा जंगली रूप से उगता हुआ देखा जा सकता है। तुलसी की खेती करने के लिए दोमट एवं बलुई

दोमट मृदाएँ जिनका पी.एच. रेंज 5.0-8.5 तक हो, एवं जिनकी जलधारण क्षमता अच्छी हो, उपयुक्त समझी जाती है। उपपोषण (Sub-Tropical) जलवायु वाले क्षेत्रों में तुलसी जाड़े के रूप में उगाई जा सकती है। उत्तरी भारत के मैदानी भागों में तुलसी को ग्रीष्म ऋतु की फसल के रूप में उगाया जाता है। ऐसे क्षेत्र जहाँ पर पाला, ओला या बर्फ पड़ने की सम्भावनाएँ हों, वहाँ तुलसी को सफलतापूर्वक नहीं उगाया जा सकता। तुलसी की सन्तोषजनक वृद्धि के लिए मध्यम तापक्रम (14° से 30° सें.ग्रे.) अधिक उपयुक्त रहता है। वर्तमान में तुलसी की खेती उत्तर प्रदेश के मुख्यतया रामपुर, चन्दौसी, बदायूँ, कन्नौज, लखनऊ, एटा, मैनपुरी एवं बाराबंकी क्षेत्रों में की जा रही है। मध्यप्रदेश में भी इसकी खेती प्रारम्भ हो चुकी है।

प्रसारण एवं बुवाई

तुलसी का प्रसारण एवं बुवाई बीज द्वारा की जाती है। बीज को सर्वप्रथम पौधशाला में बोकर पौध तैयार कर ली जाती है। भारत के मैदानी भागों में अप्रैल-मई के महीनों में बीज को तैयार क्यारियों में बोकर पौधशाला तैयार की जाती है। वैसे जाड़े के तीन महीनों-नवम्बर, दिसम्बर एवं जनवरी को छोड़कर तुलसी को वर्षभर उगाया जा सकता है। बीज को बोने से पूर्व आठ से दस गुना मिट्टी में मिलाकर समतल क्यारियों में अच्छी प्रकार फैला दिया जाता है। एक हेक्टेयर क्षेत्रफल के लिए 600-800 ग्राम बीज पर्याप्त रहता है। बीज को क्यारियों में फैलाने के लिए झाड़ू या हाथ की सहायता से मिट्टी में मिला दिया जाता है और क्यारियों की हल्की सिंचाई कर दी जाती है। बीज बुवाई के लगभग 30 दिन के बाद तुलसी के पौधे मुख्य खेत में रोपाई के योग्य हो जाते हैं। पौधशाला की शीघ्र बढ़वार के लिए नाइट्रोजन खाद का प्रयोग किया जा सकता है।

रोपाई

जब पौधों की ऊँचाई 15-20 सेमी. हो जाए तो पौधों को पहले से तैयार खेत में 60×40

सेमी. की दूरी पर रोप दिया जाता है। पौधों की बुवाई से पूर्व खेत की तैयारी करते समय खेत में 30 किग्रा. नाइट्रोजन, 40 किग्रा. फास्फोरस एवं 30 किग्रा. पोटाश की मात्राएँ अच्छी प्रकार मिला देनी चाहिए। फसल की रोपाई के 45 दिन बाद एक निराई के बाद खड़ी फसल में 20 किग्रा. नाइट्रोजन का प्रयोग करना लाभदायक सिद्ध हुआ है। पौध की रोपाई के तुरन्त बाद खेत को पानी दे देना चाहिए ताकि पौधों को पर्याप्त नमी मिल सके।

खरपतवार नियन्त्रण

तुलसी घनी पत्तियों से युक्त होने के साथ-साथ तीव्र गति से वृद्धि करनेवाली फसल है, इसलिए तुलसी को खरपतवारों से रहित करने के लिए आवश्यक है कि फसल की प्रारम्भिक अवस्था में हाथ की खुर्पी से एक निराई लगा दी जाए। एक निराई के पश्चात फसल तीव्र वृद्धि करके मृदा सतह को ढक लेती है एवं खरपतवारों को बढ़ने का मौका नहीं देती है।

रोपाई के तुरन्त बाद सिंचाई की आवश्यकता पड़ती है। यदि तुलसी की फसल की रोपाई वर्षा ऋतु में की जा रही हो तो सिंचाई की आवश्यकता नहीं पड़ती। भारत के मैदानी भागों में तुलसी की बुवाई मुख्य रूप से जुलाई-अगस्त में की जाती हैं। इस समय बोई गई फसल को सिंचाई की आवश्यता नहीं पड़ती। क्योंकि तुलसी का जीवन काल मात्र 65-70 दिन का होता है इसलिए इसे केवल दो या तीन सिंचाइयों की ही आवश्यकता पड़ती है।

कीट पतंगे एवं बीमारियाँ

तुलसी की फसल बहुत कठोर प्रकृति की फसल है इसलिए इस पर कीट-पतंगें एवं बीमारियों का प्रकोप कम होता है। वर्षा ऋतु में कभी-कभी निम्न बीमारियों एवं कीट-पतंगों का प्रकोप तुलसी पर हो सकता है जिनके लक्षण तथा नियन्त्रण की विधि निम्नानुसार है—

1. **बीमारी का नाम** – लीफ स्पॉट,
रोगकारक – कोरिनेस्पोरा केसीकोला।
लक्षण – पत्तियों एवं तनों पर भूरे एवं काले धब्बे हो जाते हैं तथा पत्तियाँ सूखकर गिरने लगती हैं।
नियन्त्रण – डाइथेन जेड़-78, डाइथेन एम-45 के 0.02 प्रतिशत घोल का छिड़काव 15-15 दिन के अन्तराल पर।

2. **बीमारी का नाम** – लीफ ब्लाइट
रोग कारक – आल्टीनेरिया स्प.।
लक्षण – पत्तियों पर चक्रीय भूरे धब्बे
नियन्त्रण – डाइथेन जेड़-78, डाइथेन एम-45 के 0.02 प्रतिशत घोल का छिड़काव 15-15 दिन के अन्तराल पर।

फसल की कटाई

तुलसी की फसल पकने के लिए मात्र 65-70 दिन का समय लेती है। जब खेत में लगभग 80 प्रतिशत से अधिक पौधों पर बल्लरी आ जाए एवं बल्लरी का रंग हरा न रहकर सुनहरेपन की तरफ आने लगे तो तुलसी को कटाई के योग्य समझ लेना चाहिए। तुलसी को कभी भी दूधिया अवस्था (Milky Stage) में नहीं काटना चाहिए अन्यथा तेल की उपज कम हो जाएगी। सामान्यतः तुलसी की फसल एक बोनस फसल के रूप में ली जाती है। ऐसे जहाँ पर तुलसी के स्थान पर कोई अन्य महत्त्वपूर्ण फसल ली जा सकती हो, वहाँ तुलसी की खेती उपयुक्त नहीं मानी जाती। जब दो मुख्य फसलों के मध्य दो-ढाई महीने का समय हो और खेत खाली हो तो कृषक तुलसी की फसल उगाकर अतिरिक्त आय अर्जित कर सकता है। फसल की कटाई के समय सम्पूर्ण पौधे को तेज हँसिए से काट लिया जाता है और आसवान के लिए भेज दिया जाता है।

फसल की पेड़ी या रैटूनिंग

तुलसी का पौधा बुवाई से लेकर पकने तक 65-70 दिन का समय लेता है। किन्तु ऐसे क्षेत्र जहाँ पर अन्य कोई महत्त्वपूर्ण फसल न ली जा रही हो, तुलसी के पौधे से रैटूनिंग करके एक से अधिक कटाइयाँ प्राप्त की जा सकती हैं। प्रथम कटाई में पौधों की बल्लरी को ऊपर से काट लिया जाता है और शेष पौधों को छोड़ दिया जाता है। यही छूटा हुआ हिस्सा नई शाखाएँ निकालकर नए पौधों का रूप ले लेता है। इस प्रकार वर्ष भर में तुलसी के पौधे को 4-5 बार काटा जा सकता है। यह प्रक्रिया खासतौर से पहाड़ी राज्यों जैसे आसाम आदि में प्रचलित है।

आसवन

कटाई के बाद इसका तेल निकालने हेतु तुलसी की फसल को आसवन इकाई पर ले जाया जाता है। क्योंकि तुलसी का तेल अपेक्षाकृत सस्ता तेल है, अतः इसके आसवन के लिए बहुधा जलवाष्प आसवन विधि का प्रयोग कृषकों द्वारा किया जाता है। आसवन की इस इकाई को चलाने के लिए अतिरिक्त ईंधन की आवश्यकता नहीं पड़ती। आसवन करने से पूर्व कटी हुई फसल को खेत में 6-8 घंटे के लिए खुला छोड़ दिया जाता है। ऐसा करने से पत्तियों में उपस्थित अतिरिक्त नमी समाप्त हो जाती है। सम्पूर्ण पौधे का आसवन करने पर 0.25 प्रतिशत तक तेल की उपज प्राप्त होती है जबकि पौधे के पुष्पक्रम (बल्लरी) के आसवन से 0.4 प्रतिशत तक तेल की उपज प्राप्त की जा सकती है।

तुलसी की खेती से अनुमानित आय

तुलसी के एक एकड़ क्षेत्र से एक कटाई में 20-25 किग्रा. तक तेल प्राप्त किया जा सकता है जो कि औसतन 225-250/- रु. प्रति किग्रा. की दर से बिकता है। तुलसी की खेती करने पर प्रति एकड़ लगभग 1,000 रु. तक की लागत आती है। इस प्रकार इसकी एक एकड़ क्षेत्र में खेती करने से लगभग 4-5000 रु. तक की वृद्धि आय ढाई महीनों में

प्राप्त की जा सकती है।

क्षेत्रीय अनुसंधान प्रयोगशाला, जम्मू द्वारा खेती करने के उद्देश्य से तुलसी की कई उत्कृष्ट किस्में तैयार की गई हैं जिनमें आर.आर.एल. ओ.सी.-11 प्रमुख है।

तुलसी के औषधीय गुण

भारतीय समाज में तुलसी के पौधे का धार्मिक महत्व तो है ही, इसका वैज्ञानिक महत्त्व भी कम नहीं है, इसके पत्ते, मज्जर और टहनी विभिन्न प्रकार की बीमारियों में औषधि के रूप में काम आती है, अनुसंधानों से ज्ञात हुआ है कि तुलसी से *ओसोण* निकलता है, जो वायुशोधक का काम करता है, यही वजह है कि सदियों से हमारे पूर्वज धार्मिक पौधे के रूप में तथा विभिन्न किंवदंतियों में तुलसी की महत्ता का गुणगान करते रहे और देवता के रूप में अपने आँगन में या मन्दिरों के आसपास इसे स्थापित करके इसे पूजते हैं, एक समय था जब लोग एक ऐसे हिन्दू घर की कल्पना भी नहीं कर सकते थे जहाँ तुलसी का एक भी पौधा न हो। तुलसी के महत्त्व को समझकर लड़कियों को यह नाम भी दिया जाता था। इसके अतिरिक्त तुलसी का वैज्ञानिक महत्व तथा कीटनाशक होने के कारण देवताओं के पूजन शुद्धि के लिए नैवेद्य में तुलसी पत्र डाला जाता है, तुलसी के पत्ते के अलावा इसका मज्जर तथा जड़ का उपयोग भी विभिन्न दवाओं के रूप में किया जाता है।

धार्मिक अनुष्ठानों में भी तुलसी की कंठी माला पहनी जाती है, इस प्राचीन परम्परा के पीछे भी यही कारण है कि इसे पहनने से अनेक रोगाणुओं की रक्षा होती है, इस तरह हमारी जिन्दगी से तुलसी बहुत ही नजदीक से जुड़ी हुई है प्रा:यः इसका उपयोग निम्नलिखित विकारों को दूर करने में उपयोग पाया गया है–

- तुलसी का नियमित सेवन करने से मुँह से आनेवाली दुर्गन्ध समाप्त हो जाती है।
- तुलसी का काढ़ा पीने से सर्दी, जुकाम, सिरदर्द, बुखार आदि तकलीफों से आराम मिलता है।
- तुलसी के पाँच पत्ते और दो काली मिर्च मिलाकर खाने से वात रोग का नाश हो

जाता है।

- तुलसी की पत्तियों के रस को शहद के साथ मिलाकर चाटने से चक्कर आना बन्द हो जाता है।
- प्रातःकाल खाली पेट में तुलसी के पत्ते चबाकर खाने से पाचन शक्ति तेज होती है।
- आँखों और कानों की वेदना दूर करने में तुलसी के पत्तों का रस अच्छी औषधि मानी जाती है।
- तुलसी के पत्ते को घी में लौंग के साथ भूनकर खाने से सुरसुरी में आराम मिलता है।
- तुलसी के पत्ते का रस और नारियल के तेल के साथ तैयार किए गए तेल को लगाने से सिरदर्द, जुकाम आदि दूर किया जा सकता है।
- पीने के पानी में अथवा चाय के पानी में लगातार नियमित रूप से कुछ पत्तियाँ डालकर सेवन करने से शरीर की प्रतिरोधक क्षमता बढ़ती है।
- तुलसी की पत्तियों और अदरक को पीसकर उनका रस निकालकर एक चम्मच दो-दो घंटे पर सेवन करने से पेट दर्द ठीक हो जाता है।
- तुलसी की पत्तियाँ काली मिर्च के साथ पीसकर सूँघने से सिरदर्द में आराम मिलता है।
- तुलसी के पत्ते का रस एक पत्ता और काली मिर्च के तीन दाने प्रतिदिन चबाएँ, इस प्रयोग को आठ-दस दिन में करने से बार-बार होनेवाले टांसिल्स, खाँसी और सर्दी में लाभ होता है।
- खाँसी, दमा, इओसिनोफिल आदि से तुलसी के दस पत्ते, एक चम्मच वाविडंग का काढ़ा बनाकर पीने से लाभ होता है।
- बवासीर में तुलसी के बीज को 10 से 20 ग्राम कूटकर रात को मिट्टी के बर्तन में छह गुने पानी में भिगोएँ, सुबह उसमें जीरा और शक्कर मिलाकर उस पानी को पीने से खून गिरना बन्द हो जाता है। दही के साथ तुलसी के बीज का चूर्ण लेने से भी मल के साथ जाता रक्त बन्द हो जाता है।
- तुलसी के पत्ते चबाकर ऊपर से पानी पीने से कैंसर में लाभ होता है।
- तुलसी के पत्तों के सेवन से रक्तचाप सामान्य होता है।

सफेद मूसली

विभिन्न भाषाओं में सफेद मूसली का नाम–

हिन्दी – सफेद मूसली
लेटिन – क्लोरोफाइटम बोरिविलिएनम
(Chlorophytum borivillianum)
अरबी – शकेक्वेल हिन्दी

सफेद मूसली एक कन्द युक्त पौधा होता है। इसकी अधिकतम ऊँचाई डेढ़ फीट तक होती है। इसकी जड़ें कन्दील होती हैं जिन्हें फिगर्स कहा जाता है। यह जड़ें जमीन में दस इंच तक वृद्धि करती हैं। भारतवर्ष के विभिन्न भागों में जंगलों में यह पौधा प्राकृतिक रूप में पाया जाता है। मध्यप्रदेश के जंगलों में यह पौधा वर्षा के दिनों में अपने आप उगता है तथा आदिवासी लोग इसे उखाड़कर सस्ती दरों से बेचते हैं। सफेद मूसली का उपयोग आयुर्वेदिक टॉनिक बनाने में किया जाता है। यह पौष्टिक तथा बलवर्धक होती है। इसका उपयोग माताओं का दूध बढ़ाने, प्रसवोपरान्त होनेवाली बीमारियों तथा शारीरिक शिथिलता को दूर करने तथा मधुमेह आदि अनेक रोगों के निवारण हेतु औषधियाँ बनाने में किया जाता है।

सफेद मूसली की खेती

सफेद मूसली एक हार्डी (Hardy) या मजबूत पौधा है इसीलिए इसकी खेती सफलतापूर्वक की जा सकती है।

इस हेतु निम्न पहलुओं को ध्यान में रखा जाता है।

1. उपयुक्त भूमि : इसकी खेती के लिए प्रयुक्त की जानेवाली भूमि नर्म, अच्छी जल निकासी वाली दोमट मिट्टी जिसमें जीवाश्म की प्रचुर मात्रा हो उत्तम मानी जाती है।

3. जल की आवश्यकता : मूसली की खेती के लिए पर्याप्त पानी की आवश्यकता होती है। चूँकि इसकी बुवाई जून-जुलाई में की जाती है तथा जुलाई-अगस्त में प्राकृतिक

वर्षा होती है अतः वर्षा के बाद 10 दिनों के अन्तराल में खेती में पानी देना उचित होता है। परन्तु खेत में पानी को रुकने नहीं देना चाहिए।

3. खाद की आवश्यकता : मूसली की खेती के लिए खेत में हरी खाद, गोबर की खाद तथा हड्डी की खाद अधिक उपयुक्त होती है। रासायनिक खाद का प्रयोग यथासम्भव न किया जाए।

4. खेत की तैयारी : खेत की गहरी जुताई कर 5-10 ट्राली प्रति एकड़ मिलाकर पुनः जुताई करना चाहिए।

5. उठे हुए बेड्स बनाना : मूसली की फसल के लिए खेत में 6" से 1½ ऊँचे बेड्स बनाए जाते हैं तथा पानी की निकासी के लिए नालियाँ बनाई जाती हैं।

6. मूसली की बिजाई : मूसली की बिजाई ट्यूबर्स अथवा फिंगर्स से की जाती है। प्रत्येक फिंगर के साथ पौधे की डिस्क अथवा क्राउन का कुछ भाग होना चाहिए तथा प्रत्येक फिंगर का छिलका क्षतिग्रस्त नहीं होना चाहिए। मूसली की बिजाई हेतु 2 से 5 ग्राम वजन की क्राउन युक्त फिंगर्स उपयुक्त होती है।

7. पौधों की वृद्धि : बिजाई के कुछ दिनों के उपरान्त ही पौधा उगने लगता है तथा फूल एवं बीज लगने के बाद अक्टूबर-नवम्बर माह में पत्ते सूखकर गिर जाते हैं।

8. कन्दों को उखाड़ना (Harvesting) : पत्तों के सूख जाने के उपरान्त 1-2 महीने तक कन्दों को जमीन में ही लगा रहने देना चाहिए तथा खेत में हल्का-हल्का पानी का छिड़काव करते रहना चाहिए। कच्चे कन्दों का रंग सफेदी लिए होता है। पकने पर धीरे-धीरे गहरा भूरा हो जाता है। अब कन्दों को निकाला जा सकता है। कन्दों के निकालने का कार्य जनवरी माह में करना उचित है। कन्दों को हाथ से निकालना चाहिए ताकि सभी कन्द बिना क्राउन से अलग हुए निकाले जा सकें। अब प्लांटिंग मटीरियल के लिए उपयोग किए जानेवाले कन्दों से बचने हेतु कन्दों को अलग करना होता है।

9. कन्दों की धुलाई एवं छिलाई : बेचने हेतु निकाले कन्दों में मिट्टी लगी होती है अतः कन्दों को भली-भाँति धोया जाना चाहिए। अब कन्दों की चाक से छिलाई की जाती है। ताकि मूसली के कन्दों से छिलका उतारा जा सके।

10. मूसली को सुखाना : छिली हुई मूसली को अब सुखाया जाता है। दो-तीन दिन तक छिली हुई मूसली को धूप में रखने से उसमें उपस्थित नमी पूर्णतया सूख जाती है तथा पैकिंग कर विक्रय हेतु भेजी जाती है।

●●●